人が助かることさえできれば

――「戦争」と「テロ」の時代を見据えて

小澤 浩

白馬社

もはや
できあいの思想には倚りかかりたくない
もはや
できあいの宗教には倚りかかりたくない
もはや
できあいの学問には倚りかかりたくない
もはや
いかなる権威にも倚りかかりたくはない
ながく生きて
心底学んだのはそれぐらい

（茨木のり子『倚りかからず』より）

読者の皆さんへ
——七〇億分の一の視点から

私は、日中戦争が始まった一九三七（昭和一二）年の生まれですから、いま七八歳を迎えた老人です。一口に老人と言っても、老後の過ごし方には二つのタイプがあるようで、一つは「晴耕雨読」型、つまり晴れた日には家庭菜園で土をいじり、雨の日には家で本を読んだりして、世の中のことなどは気にせず、静かに余生を楽しむというタイプ、そしてもう一つは「年寄りの冷や水」型というか、「老いの一徹」型というか、歳とともに他人の事や世の中の事が気になって、何か言わずにはいられない、というタイプです。私の場合はというと、こんな本（どんな本かという事は追々明らかにしますが）を書こうというくらいですから、まず、後者の人間であることは間違いありません。とはいえ、寄る年波には逆らえず、最近、物忘れが激しくなるわ、耳は遠くなるわで、気が付けば自分で自分に悪態をつくことが多くなりました。

本当に失いたくないもの

ところが、数年前、作家の桐野夏生さんが、大よそこんなことを書いているのに出会ったのです。「歳とともに残暑が身に応えるようになった。体力や能力は徐々に失われていく。しかし、それは必ずしも悪いことばかりではない。本当に失いたくないものは何か、という事を明確にしてくれるからだ。失いたくないものに気づいた人間は、強く生きられる」(『白蛇教異端審問』文藝春秋社、二〇〇五年、四九頁)。歳から言えば、彼女は私より随分年下なのに、もう人生の達人のようなことをおっしゃる。スゴイと思いました。それにしても、桐野さんの「失いたくないもの」とは何でしょう。それは分かりませんが、私にも、顧みれば、「これだけは失いたくない」ものが、確かにあったのです。それは、少年の頃に深く心に刻んだあの悲惨な「戦争の記憶」でした。

もちろん私は、四六時中そのことだけを考えて生きてきたわけではありません。飯を食っているときや厠でしゃがんでいるとき、カラオケで歌っているときなどは、頭は空っぽ。反対に頭がそれで一杯になるような恋の喜びも、失恋の悲哀も、仕事上の苦しみも、およそ人が一生で味わうようなことは大抵経験してきました。しかし、人生の折り目節目にフト思い出すのは何かと言えば、決まって痛ましい「戦争の記憶」だったのです。大学に入って日本の近代史を専攻したのも、そのうちに宗教の問題に関心を持つようになったのも、日本人はどうしてあの戦争を阻止できなかったのか、どうして人類はお互いを殺し合う戦争をやめることができないのかを、「歴史」と「人間」という視点から究めてみたいと思ったからでした。

ある宗教者との出会い

その内に私はある偶然から、自らを「土を掘る百姓」と名乗り、人間を「神の氏子」と見立てて、総氏子、つまり人類の全てが、人間なるが故に背負っている難儀から救われることを願い続けた、ひとりの宗教者との出会いに導かれます。金光教という、あまりメジャーではないが、世界の平和・人類の助かりを目指して地道な活動を続けている教団の創始者です。俗名は赤沢文治、神から授かったとされる神号は生神金光大神《いきがみこんこうだいじん》と言います。この人は幕末から明治にかけて生きた人ですから、出会ったと言っても、それは彼の残した言葉を通してですが、その「土の香り」のする平易な言葉遣い、にもかかわらず事柄の本質をついてくる見事な語り口にすっかり魅せられてしまった私は、以来、迷うことなく、それを自らの研究テーマとして付き合っていく事になったのです。

それから四〇数年、気が付けば、金光教に関する事柄について書き散らした論文やエッセーや講演の草稿などが、優に一冊の本を超えるほどになっていました。もちろん、私には、量的な条件を満たしたからと言って、それだけで本にするつもりなどはありませんし、世の中もそれを受け入れるほど甘くはないでしょう。にもかかわらず、あえてこうした本を世に問うことにしたのは、そこがまさに「老いの一徹」たる所以なのですが、今や人類を覆い尽くしている戦争やテロの悲劇を見るにつけ、たとえ借金をしてでも、あとに続く人たちに言い残しておきたい事柄があったからであり、これまで私が拙い筆で綴ってきた金光教の教祖の教えや教団の歴史には、そのための格好の材料がふんだんにあると考えたからです。

「七〇億分の一」の視点から

ところで、四〇年以上も入れ揚げて来たというと、さてこそお前は金光教の信者になったか、さもなくば教団のお先棒を担ぐ御用学者に成り下がったか、と言われそうですが、さに非ず。あとから本文の中でも述べるように、私は、人間というものは、何か究極的な価値――それは真理でもいいし正義でもいいし愛でもいいし善でもいいし美でもいい、それらをして神仏と呼ぶならそれでも構わない――を想定しなくては生きていけない生き物だと思っています。しかし、だからと言って私は、特定の神仏には帰依しないという立場を、これまで通してきました。というのも、「人が助かることさえできれば」という金光教祖の切なる願いは、私の眼からすると、十字架の贖いによる全人類の救いを神の召命と受け止め、人間としての苦しみを乗り越えてそれに従ったイエス・キリストや、全人類が救われるまで自分は仏にはならないと自らに誓った阿弥陀仏のそれ（いわゆる十八願）と根っこのところでは繋がっており、そうした願いは宗教に限らず、他の思想の中にもいくらでも見出すことができるからです。だから、それを比較して優劣を述べ立てるなどはおこなこと。にもかかわらず、一つの信念体系だけを共有する閉鎖的な教団や集団には、口でしきりに普遍主義を唱えながら、他の宗教や思想に対して排他的とならざるを得ない側面が生じてきます。とすれば、それは、国家間、民族間、宗教間等の紛争やテロの引き金となる独善的な排他性と、いったいどこが違うのでしょう。

　ところが、一たびわれわれが教祖の言葉を教団の権威ある「解釈」から解き放ち、自分の目と心でじかに触れてみるなら、教祖の言葉は、しばしばそうした教団の体質に対する最も痛烈な批判者であるという皮肉な事実に、必ずや気が付くはずです。そして、戦争とテロの時代に遭遇し、残された僅かなときをどう生きて行くかを考えて、じたばたもがいている私の様な人間に、教団という高い壁を乗り越えて、突如として語りかけてきたのが、備中の農民、赤沢文治という一人の人間、一人の宗教者の残していった、含蓄に富む「言の葉」の数々だったのです。つまり、近代以降の社会では、宗教の存在そのものが、不可避的に非宗教や反宗教という対抗者を生み出してきたのだ、という見方をすれば、私に語りかけてきた教祖の言葉は、そうした既存の「宗教」を超え、既存の「非宗教」や「反宗教」さえも乗り越えて、誰にでも、どこにでも迫ってくる、そういう働きを持った大きな「智恵」の塊なのでした。

　たとえば、教祖は、人間の事を文字通り「人間」、または「神の氏子」と言い、「人類」の事を「総氏子」と呼んでいますが、彼の言葉には、それ以外に国家や民族や宗教などによって人間を区別する言葉が全くないのです。ところが、私たちの社会では、夫々の帰属する集団の名札を色々取り付けることによって、それが自分のアイデンティティだと言い聞かせ、それによって自分が守られているという幻想に浸っています。教団などという名札も、学会などという名札もその一つですが、その最たるものは、何と言っても「国家」という重い名札、重い看板でしょう。しかしそこに必ずくっついて回る「国益」というもっともらしい主張がぶつかり合って、実際にはどれだけ悲惨な結果をもたらしてきたことか。それを私たちは先の大戦でつぶさに体験してきたのではなかったのでしょうか。だから、キリストは「神の国」、仏陀は「仏国土」、金光教の赤沢文治はあるがままの「天地」というもの以外に、個別的な国家というものは認めなかったのです。名札はみんな取ってしまえ、と諭されたのです。われわれがいま七〇億と言われる人類の一員であるという事、それ以外に人間にとっての必要にして十分なる身分証明はないと教えられたのです。

似ているところで繋がろう

ところが、教祖らが亡くなり、教団や教会という信仰の共同体が確立してくると、たいていの宗教は、世俗化の波に流され、いざ戦争ともなると、進んでかしぶしぶか、個別的な「国家」の軍門に降って、全人類の救済という教祖らの切実な願いを裏切り続けてきたのでした。むろん金光教団も、その例外ではありません。とくに、教祖亡きあと、戦争が起こるたびに深まっていった教団の国家への協力姿勢については、戦後の教団が深い反省とともにその非を認めてきたところであり、本書でも、私はそのことについてはっきりと言及しています。

しかし、それ以上に私が読者の皆さんに知ってほしかったのは、そうした「国家」の重圧や教団の姿勢にもかかわらず、一人ひとりの信徒の方々の中には、「人が助かることさえできれば」という教祖の願いをそのまま自らの願いとして、命を懸けてでも人を助けようとして戦った方々が少なからず居られた、という事実です（そうした人たちが、他の宗教の中にも、宗教とは無縁の方々の中にも居られたことは言うまでもありません。ただ、金光教のように、かつて国民の一部から白眼視されていた民衆宗教の場合には、まだよく知られていない事実があるのです）。そうした人たちのことを知ってもらうために、私はこの本の半分以上のスペースを割いたと言ってもいいでしょう。私が、金光教の歴史の中には、戦争や平和の問題を考える「格好の材料」があると言ったのは、そうした積極面も否定面も含めて、そこには、宗教や信仰者という名札を外しても、否、外してこそ見えてくる「人間」の問題が、一杯詰まっていると感じたからでした。

ですから、もし、読者の中に金光教の信徒の方がおられたら、このように教外の人間の遠慮のない物言いには戸惑われたり、不快に思われたりする箇所があるかもしれません。しかし、それも「信心のけいこの一つ」だと鷹揚に受け止めて頂けたら、有難く思います。なぜなら、私たちは、教祖の「人が助かることさえできれば」という願いを、それぞれの立場で受け止めている兄弟・姉妹のようなものですから。それをいうなら、宗教は嫌いという人でも、いわゆる「宗教」とは別の文脈で「人が助かること」を願っておられる人は、やはり兄弟・姉妹のようなものです。「人類」という家族の。ただし、宗教を題材とする以上、神仏の名前や教義に関することに触れない訳には行かないので、いやな方々は、そういう個所を思い切り飛ばして読んで頂けたらと思います。

お互い、違うところはそっとしておいて、似ているところで繋がって行こうではありませんか。

二〇一六年　二月五日

著　者　識

目次

読者の皆さんへ——七〇億分の一の視点から……4

第一部　「戦争」と「テロ」の時代を見据えて　13

I……人が助かることさえできれば……15
一　教祖の視点から見た現代宗教のアポリア……16
二　「戦争」と「テロ」の時代を見据えて……30
II……戦争と信仰——『卡子』と大久保さん父子のこと……57
III……戦時下の金光教……97

一　試される信仰……98
二　戦火のアジアで……107

第二部　歴史・人・信仰　121

Ⅳ……民衆宗教における「近代」の相剋——教派神道体制下の金光教……123
Ⅴ……斎藤重右衛門のこと——ある民衆宗教布教者のプロフィール……163
Ⅵ……心の十字路……195

追補　日本の近代化と民衆宗教　219

出典一覧……261
あとがき……264

第一部

「戦争」と「テロ」の時代を見据えて

I

人が助かることさえできれば

一　教祖の視点から見た現代宗教のアポリア

本稿は、二〇一三年六月に開催された金光教教祖一三〇年記念シンポジウムにおいて、発題者として話したときの原稿に手を加えたものである。

はじめに――四五年目の告白

私が、教祖金光大神《こんこうだいじん》の思想に魅かれて、金光教《こんこう》について勉強し始めてから、四五年近くになりますが、この間、金光教の様々な方々から声をかけて頂き、いろんな形で皆さんとまみえる機会が与えられてきました。そして、今回も、教祖の没後一三〇年記念という意義深い催しにお招き頂き、有難うございます。ご覧のように歳も歳なので、多分こうして皆さんにお会いできるのも、これが最後かもしれないと思います。そう思ったときから、私は、これまで皆さんの前で、一体何を話してきたのかということが改めて気になってきました。

というのは、これまで、私は金光教に対する私の見方、考え方を、皆さんに、正直に申し述べてきたつもりでしたが、一番肝心な事柄について明らかにすることを、巧妙に避けてきたのではないかという不安が、このところ、ずっと心の片隅にあったからです。そのきっかけは、もう何年も前になりますが、かつて教学研究所の部長や金光図書館館長などを歴任された竹部教雄《のりお》師の記念祭に招かれ、姫路の城南教会でお話しさせて頂いた時のことでした。話のあとのある人の質問に、私は虚を突かれました。それこそは一番肝心なことなのに、自分からは切り出せないできた事柄だったからです。その質問とはズバリ「先生は神を信じているのか?」でした。その時、私は次のように答えたかと思います。「私は、特定の神仏は信じていないが、そういうものを想定しないで、人間は生きていけない生き物だと思っている」と。

この答えにウソ偽りはなかったのですが、私は明らかに受身的でした。本当はすかさず「信じていないならどうだというのだ」と切り返してもよかったのです。私ども教外の人間にとって、共有できない部分があるのは当たり前であって、それをさらけ出すところから真の交わりが始まるとしたら、私のこれまでの態度は不誠実だったと言わざるを得ません。だとしたら、それを取り返すチャンスは、今日しかない。今度こそは、たとえ嫌われても、その肝心の事柄についての思いをきちんと打ち明けよう、私は、そう思い定めてやってきました。

1　私の立ち位置

そこで、まずは、金光教だけではなく、宗教一般に対する私の立ち位置を、改めて明らかにするところから始めたいと思います。私は、今も述べたように、人間というものは、「究極的な存在」、あるいは「究極的な価値」というものを想定しないで、生きてはいけない生き物だと思っています。それを神とか仏と呼んでもいいのですが、「究極」という考え方は宗教の独占物ではありませんから、宗教の嫌いな人は「究極の真理」でも「究極の善」でも「究極の正義」でも「究極の愛」でも、はたまた「究極の美」であっても構いません。そういう究極の価値に照らして初めて人間は、取りあえず、自分や社会の現実の姿をありのままに捉え、それをあるべき方向に向けて変えていくことができると思うからです。宗教は、私にとって、そうした究極的な価値の中の有力なものの一つであって、それ以上でも以下でもありません。だから、排他的にこの神、この仏でなければ、という考えは、私にはありません。というより、そういう考えは、思想信条の違いを超えて、お互いを理解し、支え合うことが切実に求められている今の時代に、最も相応しくないものだと思うからです。ところが、表向きは他宗教との連携を説きながら、内向きには平然と他宗教を謗って憚らない欺瞞的な宗教家を、私は何人も見てきました。にもかかわらず、いまこそ「宗教の出番」だ、「宗教の時代」だという人がいます。おこがましいという他はありません。今はむしろ、宗教の混迷と無力をこそ嘆くべき時代だと思うからです。

話を元に戻しましょう。そうした私の宗教観からすると、例えば、皆さんが信心の究極の拠り所とされているあの「天地書附《てんちかきつけ》(1)」は、私にとっては必ずしも究極のものではありません。私は、「おかげはわが心にあり」という言葉にはとても共感するし、「生神」についても、私なりに理解はできますが、「天地金乃神」という固有名詞を持った神様については、残念ながら皆さんと同じ立場に立つことはできません。

それは、信仰の無いものには当然なのですが、それだけではなく、そこに潜んでいる排他的な性格——と言ってもそれは神が排他的なのではなくて、結局は人間の側の排他性に由来している——に落ち込んでいく危険性から、取りあえず自分を引き離しておきたいと思うからです。しかし、私には、それとは別に、それを見ると奮い立たずにはいられない究極的、根源的な教祖の言葉があります。今日はそれについてお話ししたいと思います。

なお、私のことはいつも学者として紹介されていますが、教祖ではないけれども「学者が人を助けたためしがない」（『金光教教典』[2]理解Ⅰ青井サキの伝え）。そう思った時から、私の心の中では学者を廃業してきました。だから、今日は、自分のことは棚に上げて、人間を「客観的」に観察し、理解しうると考えるような、学者にありがちな立場からではなく、いかに生きるかということを考えながらジタバタ生きている一人の人間としての立場からお話しさせて頂きます。

2 「人が助かることさえできれば」――無条件の救い

そこで、私自身が最も大切に思っている「究極の教え」「究極の言葉」は何か、ということですが、今も申しましたように、それは残念ながら「天地書附」のように、金光教に固有のものではなくて、見様によっては誰でも言いそうな極めてありふれた言葉です。ご存じのように、教祖は、別派独立[3]のための信条が欲しいという幹部の一人佐藤範雄の進言に対して、「此方は、独立してもせんでも、人が助かることさえできれば結構である」（『教典』理解Ⅲ内伝）と仰っています。

（1）教祖金光大神が一八七三（明治六）年、神の命に従って書き始め、参拝者に手渡していった書付。信仰の要諦を記したもの。「生神金光大神《いきがみこんこうだいじん》／天地金乃神《てんちかねのかみ》一心ニ願《ねがえ》／おかげハ和賀《わが》心にあり／今月今日でたのめい」がその全文。

（2）以下『教典』と略す。

（3）明治政府は、「国家神道」の確立をめざし、「神社神道」を「国家祭祀」を担うものとして宗教と切り離す一方、「神道事務局」を設置して民間の宗教神道をその傘下に置いたが、その内の有力教派が順次独立して「教派神道」（一三派）を形成した。これを「別派独立」という。教祖晩年の金光教幹部らは、教祖に独立の必要性を説いて、布教の公認を得る活動に乗り出した。以後苦節一七年、金光教は一九〇〇年にようやく別派独立を果たしている。

私は、「人が助かることさえできれば」というこの短い一句の中に、教祖の教えの根本のところが全て語りつくされていると思うのです。なぜなら、この言葉は、「世間になんぼうも難儀な氏子あり、取り次ぎ助けてやってくれ」（『教典』覚書）というあの「立教神伝」[4]の神の願いにそのまま直結しているからです。この言葉の意義をさらに掘り下げてみましょう。

まず、ここで「人」という時、それは「難儀な氏子」と対応している訳ですが、「難儀な」というのは「氏子」（教義的なことは知らないが私は「人間」と理解している）を限定する言葉ではなくて、そもそも「氏子」というものは、「人間」というものは、「難儀」な存在なのだ、というのがその含意でしょう。とすれば、「人間」というのは善人も悪人も、国籍や人種や宗教や思想・信条の違いも関係なく、全ての人間、全人類（教祖の言葉で言えば総氏子）のことでなければなりません。また、その救いは全く相手を選ばない「無条件」のものだ、ということでしょう。また、「助かる」とはどういうことか。信仰のある人は、即座に「信仰を持つこと」だ、と考えるかもしれません。その意味では、教祖も「信心による助かり」を重視しました。しかし、それを待っていたら助かる人も助からぬことがあります。だから教祖は、それを条件にはしませんでした。いわゆる病気直しも含めて、彼ができるあらゆることを試みました。

この言葉のただならぬ意味を実感して頂くために、試みに、そこに、他の色んな言葉を入れてみてください。人が助かることさえできれば、「金光教の看板などはどうでもよい」「相手が、神を信じていようがいまいが、それもとりあえずはどうでもよい」、その他、その他……。つまり、この言葉はあらゆる条件に耐える究極の言葉だったのです。

だとすれば、誰しも「自分なんかはとてもとても」と思うでしょう。私もそうです。神様も教祖も助ける側の者であって、自分はいつも助けてもらう側の人間でいたい。まずは自分が助かりたい。しかし、教祖はこう言っておられる。「人が人を助けるのが人間である。……人を助けることができるのは、有難いことではないか。……人間は病苦災難の時、神様や人間に助けてもらうのであるから、人の難儀な時を助けるのが人間であると心得て信心しなさい」（『教典』理解Ⅰ山本定次郎の伝え）。つまり、「人が助かる」というのは、神様の根本的な願いであるとともに、人がそれを自らに引き受けることによってこそ成就するものだ、ということでしょう。ここでよその宗教のことを言って恐縮ですが、天理教の教祖中山みきも「自分が助かりたいと思ったら人を助けよ」と言っています。同じことです。その意味で、教祖の仰る「あいよかけよ」[5]というのは実に見事な表現だと思います。

このことは、金光教を信じている程の人であれば、あるいは私のような教外者でも、頭では理解していることに違いありません。しかし、それは、どこまで「無条件」のものか、と問われれば、どこかに「見返り」を期待する何らかの「条件」が働いていることを、私たちは認めざるを得ないのではないでしょうか。

3 「内」と「外」を隔てるもの

卑近な例を挙げてみましょう。あの東日本大震災の時、多くの宗教団体が活発な支援活動を行いま

（4）金光教では、上記の神からの「お知らせ」を、立教の起源とし、これを「立教神伝」と呼び習わしている。これを機に、教祖は農業を家族に託し、人々の願いを神に取り次ぐ神前奉仕に専念した。

（5）神と人、人と人との関係を、相互依存的、互助的なものと見る、教祖に特徴的な思想を述べた言葉。

した。金光教団も積極的な支援をされたと聞いています。その事には敬意を表したいと思います。ただ、金光教については知りませんが、その際、所属する教団や教会の旗を掲げたり、ゼッケンを着けたりして参加している人の姿が、しばしば見受けられたようです。もちろん、自分たちは、純粋に人を助けたいと思って参加したのに違いありません。しかし、そこには「あわよくば布教の一助にもしたい」という自己本位の「はからい」が全くなかったと言えるでしょうか。ゼッケンが人を助ける訳ではないのに。

もちろん、金光教の中にも、個別的には「無条件の救い」に適う生き方をされた人、現にされている人が何人もおられることを、私は承知しています。そのうちの何人かについては、私も自分の書いたもの（『生き神の思想史』岩波書店、ほか）のなかで取り上げさせてもらいました。しかし、大局的に見ると、普段・日常的には、その眼差しが内向きになりがちで、教会や教団の外にいる人たちにまでは届きにくくなっている、ということはないでしょうか。

たとえば、『金光新聞』やたまたま目にした教会報の記事などから受ける私の印象からすると、どうも教会長や布教師の「先生」方は「助ける人」で、信者の方々は「助けてもらう人」といった暗黙の了解があって、そうした役割分担の中に自足しようとする気風が、教会というものを、「無条件の救い」に人々を駆り立てる根拠地としてではなく、かえって自他を隔てる「見えない壁」、「閉鎖的な空間」にしてしまっているようにも思えるのです。

その点、教祖の時代には事情は全く違っていました。助ける人と助かる人の区別などは有らばこそ、出社《でやしろ》[6]と呼ばれた人も直信《じきしん》[7]も、教祖の取次によってお蔭を頂いた人たちは、すぐさま助ける人となって飛び出していきました。そこにはまさに、「無条件の救い」を自ら生きようとする無私無欲の精神が横溢していました。それが教祖から一三〇年経った今はどうでしょうか。全国至る所に教会ができ、それが海外にまで及び、本部には立派な建物が並んでいます。しかし、「無条件の救い」という教祖の究極の願いの側から見れば、どれだけのことが達成されたと言えるでしょう。広島・長崎、9・11、「イスラム国」ときて、地球上には、いまや、戦争やテロによって命を奪われた人たちの怨嗟の声が満ち満ちています。それを考えると、教外者とはいえ、教祖の言葉に囚われて、それを目当てに生きてきたはずの私も、自らの無力を呪わずにはいられません。

教団が成立して一定の規模が固まると、次第にその目線が内向きになり、保守的・護教的になるのは、大方の教団について言えることですが、そこには「近代」という時代も深く関わっています。中央集権的な教団体制の確立や教義の整備、教師養成機関の設置などは、教団の安定的な発展に寄与する半面で、人々のアイデンティティーをその中に閉じ込め、教団の内と外を隔てる見えない胸壁を作り、その中での先述の「先生」と「信者」の間の役割分担の意識が、教団の姿勢を一層内向きのもの

(6) 教祖が布教を始めた当初、自らも教祖に倣い広前(神前奉仕のつとめ場所)を設けて布教活動に従事した人、又はその広前。教祖は、神命により、これを神号として付与したケースがあるので、その対象者を狭義の「出社」とする考え方もある。

(7) 本来は直弟子と同義だが、教祖は一八六八(明治元)年、神命により神号の授与をやめているので(『金光教教典』「覚書」一六―9)、広義にはそれ以後に教祖の教えを直接受けた人を直信と考えてもよいだろう。二年後の一八七〇年には浅尾藩庁から「出社」神号差止めの指令が出ているので、それとの関連も考える必要がある。なお、これは私の個人的見解だが、その後の教団形成の過程では、直信の中の有力者がこれを担っている印象が強いので、教団形成の過程で得たものと失ったものを考える一つの作業仮説として、出社と直信の性格の違いに着目する試みもあっていいのではないか、と考えている。

にしてきたことは否めません。また、資本主義の発展が宗教の商品化、宗教市場における競争の激化を煽り、そのことが、他者への眼差しを曇らせる要因の一つとなった、とも言えるでしょう。

4 「見えない壁」を打ち破るために

こうした問題はもっと丁寧にお話ししたいのですが、時間がないので、次に、そうした内向きの姿勢を改め、教祖の「人が助かることさえできれば」という究極の言葉を自らも忠実に生きようとするとき、差し当たって必要なのはどういうことか、という点について、私が日ごろ感じている事柄を、いくつかアトランダムに列挙してみたいと思います。なお、ここで上げる事柄は、金光教に固有の事柄というよりは、他の多くの宗教教団も多かれ少なかれ共有している事柄だと考えているので、そのようにご理解頂ければと思います。また、これから申し上げることは皆さまにとって耳障りな点も少なくないと思いますが、先にも申したように、教内者と教外者を隔てている「見えない壁」を打ち破り、「人が助かる」という大目標にともにスクラムを組んで立ち向かうためと思召して、お許し頂き、あとから皆様の率直なご批判を聞かせて頂ければと願っております。

(1)「人間の弱さ」という教説の大胆な見直しを

古来、「罪」とか「業」とか「煩悩」とか様々な言葉で表現される人間の「弱さ」や「限界」を説いて、そこに「難儀」との因果を見ようとする言説は、様々な宗教の存立を根拠づけてきました（教祖の言葉で言えば、「欲」とか、神への「無礼」とか、「巡《めぐ》り」とかがそれにあたるか）。中でもそうした人間の弱点の対極に見出された超越的な神仏観が、人々の人間観・世界観の深化を促してきたことは疑いありません。しかし、それは半面で、人々の依存的な体質と教団の寄生的な性格を助長してきたとも言えるでしょう。もちろん人間の弱さ・限界の認識は、われわれの人間観・社会観の成熟にとって欠かせないものですが、前近代から近代への歴史的条件の変化は、相対的に人々の自立化の可能性を押し広げ、いわゆる「自己責任」は、好むと好まざるとに関わらず、近代以降の人間を量る有力な指標の一つとなってきました。にも拘わらず、経営の資を信者大衆に仰がねばならない教団は、逆に、信者の教団への依存体質を温存するため、伝統的な「弱さ」の教説をそのまま近代に持ち込み、大方の信者も、これに凭れかかって、個人的なお蔭の追及に安んじてきたとは言えないでしょうか。

私はかつて、このような状況を、教団の国家本位の建前と信仰次元の自己本位の立場の共存ないしは使い分けという二重構造で捉えたことがありましたが（拙著『生き神の思想史』）、そうした構造を突き崩し、教祖の「無条件の救い」をこの世に実現しようと切実に思うなら、まずもってこの伝統的な「弱さ」の教説の大胆な見直しこそが、喫緊の課題だと考えます。それは無論「弱さ」の自覚を否定することではありません。むしろ、弱い生き物だからこそお互いが助け合い、支えあって、「大きな救い」を実現する「強さ」に転化させようではないか、ということなのです。

(2)「正気」を保つ「理性」をこそ

「弱さ」の教説が人々の自立心を妨げ、自分本位の「小さな救い」に閉じ込めてしまう仕組みの一つに、「機械仕掛ノ神」（deus ex machina《デウスエクスマキーナ》）と呼ばれているものがあります。これは元々芝居の中で、解決困難な急場になると突然登場し、見せかけの解決で観客の期待に応えた「神」、いわばインスタントの御利益神のことですが、ドイツの神学者、ボンヘッファーという人が、それになぞらえてキリスト教会の病根を糾弾するために用いました。

教祖が様々な災厄に直面した時に解決を求めた神々もまさにそれだった訳ですが、彼は、大患のさなかにも「正気」を失うことなくその意義を問い詰め、ついに真実の神との出会いに導かれました。その「正気」を支えたものこそは「理性」と呼ばれるべきものです。「理性」は多分明治の啓蒙期の翻訳語でしょうから、教祖の語彙にはないものですが、「道理」という語はこれに近いものと言えるでしょう。教祖は言います。「人間は万物の霊長であるから、万物を見て道理に合う信心をせねばならぬ」（『教典』理解Ⅲ金光教祖御理解）。他にも「道理」（「天理」とも）を説いている個所は少なくありません。

昨今の宗教学者やジャーナリズムの一部には、「理性」や「合理主義」を不遜な人間中心主義に導くものとして嫌悪するきらいがありますが、ボンヘッファーは、『理性』こそは人間の自前のものではなく、神から与えられたものだ。だからこそ、それを駆使して『成熟』した人間にならなければいけない」と説いていています。金光教の場合、教祖が「機械仕掛ノ神」をすでに克服してくれたから関係はないと思う人がいるかもしれませんが、制御困難な「欲望社会」が生み出した、ウソ臭い「機械仕掛ノ神」であふれ返る今日、自分だけが圏外にいられる保証はどこにもありません。目を凝らして、教祖の中にある「理性」をしかと捉え、それを自らのものにしていかなければなりません。

(3)「あれかこれか」から「あれもこれも」へ

思想史家の安丸良夫さんは、宗教の近代化について述べた文章の中で、次のように言っています。

「金光教の高橋正雄[8]・天理教の増野鼓雪などの若い知識層が、明治末年から大正期にかけて教団と信仰の革新を求めたとき、それは清沢満之《きよさわまんし》(9)らの影響を受けた宗教的近代の自覚であった。……近代における二元的に引き裂かれた人間のありようを前提とすれば、……根源的な否定性を介してしか人は宗教性に到達しえないのではなかろうか」(『文明化の経験』)。「宗教性」という言葉の曖昧さを別にすれば、これは、近代人の思惟様式の特徴を言い当てたものと言えるでしょう。しかし、「近代」の行き詰まりという問題に目を転じたとき、自他の間を引き裂くこうした二者択一的な発想を、われわれはどこかで克服しなければなりません。

いわゆる「民芸運動」の種をまいた柳宗悦という人は、かつて「無対辞文化」ということを唱えました。「対辞」というのは上下、大小、真偽、美醜など、相対立する言葉のことですが、彼は、人間の争いや苦悩は、そうした二元的、対立的、二者択一的なものの見方に由来するとし、それらのいずれも全体を構成する不可欠の要素として排除せず、あらゆるものが共生し、共栄する社会の創造を、と説きました。それが言うところの「無対辞文化」です。

また、金光教教学研究所の竹部弘さんは、『天地の開ける道』という最近の著書の中でこう述べておられます。「『間』に隠れたものを見いだすことは、『間』を繋ぐことにもなる。『あれかこれか』の選択でなく『あれもこれも』が許される。問題はそのままでも、問題のただ中で生きることが少し楽になる、あるいは自己と世界に新たな光が差し込み、より広やかな世界に導かれる。そのことを通し、

(8) 大正から昭和初期にかけて、金光教の信仰復活運動をリードし、昭和九年十年事件(後述一四七〜一五六頁)の難局に際しては、教監(教団政治の責任者)として解決にあたる。その信仰に関わる数々の著作は、近代教学の確立に寄与した。本書第二部Ⅳ「民衆宗教における『近代』の相剋」参照。

(9) 浄土真宗大谷派の僧。明治期、教団の革新運動を展開。精神主義を唱えて仏教の近代化に影響を与える。

実際に世界が少しずつ動き、変わるということも起こりうるのでしょう」。いい言葉です。これは、ひとり金光教の人のみならず、他宗教を信ずる人も、宗教は嫌いだという人さえも、頷ける言葉ではないでしょうか。だからこそ、それが教祖の信仰に基づくものであることを、私たちはしばらくは言わないでおきましょう。宗教を信じない人も助かるように。

(4)万人が「成程」と思う事柄を万人が理解できる「言葉」で

どの宗教にも、その開祖や弟子たちの言葉を編んだ『教典』があり、信仰の規範としての役割を果たしていますが、その原型にこだわるあまり、教団外の人間にはちんぷんかんぷん、教団の信者さんでさえ難解なものがあります。仏教の経典などはその最たるものですが、それに比べれば、『金光教教典』などは、やさしい教典のベスト3ぐらいには入るかもしれません。しかしそれでさえ、語られている事柄は百数十年も前のことですから、社会が激変し、情報の量も質もかつてのそれをはるかに凌駕し、これまでは想像もしなかった「難儀」に直面している現代人にとっては、かなりピンとこないものも多いのではないでしょうか。宗教とて信仰とて時代の波を受けることは避けられません。その意味で、教祖の信心の原点をその時代とともに理解しようとするとき、『金光教教典』は、歴史的資料としては、極めて価値の高いものですが、それを教外の人々に伝えるには、今の時代が求めるものに応えられる材料の大胆な取捨選択、理解の仕方や用いられている言葉の吟味が必要でしょう。いつも教団の内側だけで通用する言葉を使い慣れていると、一般の人々が使うフツウの言葉との落差が気にならなくなってしまいます。あるいは意識的な使い分けが身についてしまいます。それではいくら「世界の平和」だ「人類の助かり」だ、などと言っても、その本気度が疑われるというもの。教祖らが教えを説き始めたころ、信者でもない人たちに、なぜそれが瞬く間に伝わって行ったのかを、とくと考えてみたいものです。

言葉については、漫画家で金光教の信者さんでもあるサトウ・サンペイさんが、以前に、もっと分かりやすい言葉で、という注文を出しておられましたが、私も大賛成です。その意味で、さしずめ「人が助かることさえできれば」というのは、教祖の「らしさ」をいささかも傷つけることなく、その真髄を表わし、しかも、宗教が嫌いな人まで「そうだね」と頷かざるを得ない「究極の言葉」だと思うのですが、いかがでしょう。

そうした言葉を新たな目で捉え直すことは、竹部さんの言う「間」を繋ぐことに他なりません。私は金光教の信者ではありませんが、教祖の「人が助かることさえできれば」という言葉にとらわれてしまった人間として、残されたわずかな時間のすべてを、私の仕方で、人に繋いでいく仕事に用いられたら、と願っています。

有難うございました。

二　「戦争」と「テロ」の時代を見据えて

本稿は、二〇一五年一一月、金光教「やつなみホール」で開催された『現代社会問題研究及び政治社会問題協議会公開講演会』の話をベースに再構成したものである。

……けれども、（戦争で）死んだ人はもう帰って来られないのであります。……これ位取り返しのつかないことはございませぬ。

高橋正雄『拝む国日本』一九四〇年

国家は一つの特殊な生命でありまして、われわれ国民はその一成員としてどうしても強い内面関係を持っているのであります。しかし、それにもとらわれることは許されない。そこに生命の尊厳がある。国家に属しておりながら、国家を超えて生きていかずにはおられぬところの願いがある。

高橋正雄『われを救える教祖』一九三三年

青年よ、祈りを忘れてはいけない。……地球上の反対の端からお前の祈りが、たとえお前がその人を全く知らず、先方もお前を知らぬにしても、その人の安らぎを願って主の御許にのぼってゆくにちがいない。

ドストエフスキー『カラマーゾフの兄弟』第二部

はじめに

私は、一昨年の六月にも、教祖一三〇年記念のシンポジウムというのに出させて頂いて、ちょっとお耳障りなことを申し上げたので、もうお呼びじゃないかもと思っていたら、また、こういう機会を与えて頂いて、その寛大なお計らいに大変感謝しています。今回は、「現代社会問題研究及び政治社会問題協議会」というのがあるそうで、その公開講演ということでお招きを受けた訳ですが、金光教ではこのところ「世界の平和と人類の助かり」ということをいわばスローガンの一つとして熱心に取り組んでおられるので、その一環としてこの講演会を企画されたのだろうと理解しております。

そこで今日の私の話のタイトルですが、お気づきの方もあるかと思いますけれど、前回のシンポジウムの時と全く同じ「人が助かることさえできれば」という題にさせて貰いました。というのは、前回のシンポジウムの時には、発題ということで時間が限られていたので、この「人が助かることさえできれば」という教祖の言葉の究極的な意味と、それに照らしてみた、いわゆる「教団宗教」が陥っていると見られる問題点に絞って私見を述べさせて頂きました。

しかし、昨今の相次ぐ地域紛争や無差別テロ、さらにはその報復爆撃などで多数の人の命が次々に奪われていくという、人類史上かつてない危機的な状況、にもかかわらず、憲法の平和主義が風前の灯のように揺らいでいる日本の現状に照らしてみたとき、教祖のこの言葉は一層切実に迫ってくるものがあります。それで今回はあえて同じ題を掲げて、ただし、「『戦争』と『テロ』の時代を見据えて」という副題を付けて、再びこのテーマでお話しさせて頂くことにしました。

ところで、私が初めて金光を訪れたとき、金光教徒社で『政治社会問題に関する研究会』と題する報告集のようなものを見つけて、大変興味深く読ませてもらった記憶があります。そのことをフト思い出して、ひょっとしたら今回の企画も、そうした流れの延長上にあるのかなと思って、その第六号の「国家権力と本教」という題の付いた一冊をカバンに忍ばせて、新幹線の中でパラパラと見てきました。

そうしたら、例えば教団の「戦争責任」について議論されている中で、行徳さんという方がこんなことを仰っております。「戦争責任ということにおいては、法律的、政治的には、もうすんでいると思うのです。これはいわば戦犯とか、パージ（公職追放）なんかあったわけですから。ところが、倫理的というか、信仰的にはすんでいない」。

この、政治的にはもうすんでいるというところは、私は必ずしもそうは思っていないのですが、彼が一番言いたかったのは、むしろ「倫理的、信仰的にはすんでいない」というそちらの方でしょう。つまり、彼は一見このように、倫理・信仰の問題、簡単に言ってわれわれの「心の在り方」の問題を、政治の次元と切り離している訳ですが、私から見ると、むしろそういう仕方で、彼は、逆に政治の在り方というものを問い返しているのではないか、という風にも受け取れます。今日は、そのこと、つまり「私たちにとって、そもそも政治とは何なのか、社会問題とは何なのか、それは宗教の問題とどう関わるのか」という問いをも心に留めながら、お話を進めていきたいと思います。

なお、皆さまには、予め三つの言葉を載せた一枚ものの紙をお配りしましたが、これは、本であれば扉の裏の頁や各章節の頭に持ってくるエピグラフとか題辞などと呼ばれるものに当るわけで、ここでは、私の話の三つの論点について深いかかわりがあると思われる言葉を掲げておきました。本題に入る前に、これについて簡単に説明しておきます。

まずは、「(戦争で)死んだ人はもう帰って来られない。これ位取り返しのつかないことはない」という、金光教の高橋正雄の言葉ですが、一見ありふれた言葉のようですけれど、これが一五年戦争のただ中で、教団政治の責任者である教監の立場で書かれたものだと考えると、「名誉の戦死」を督励していた国家の立場からすれば、甚だ不適切な発言だったと見なければなりません。国家への配慮を突き破って、思わずほとばしり出た本音だったのでしょう。戦死というものがいかに取り返しのつかないものであるか、ということは、私の話の中心的なテーマの一つでもあります。

二つ目の「(人間には)生命の尊厳がある。国家に属しておりながら、国家を超えて生きていかずにはおられぬところの願いがある」というのも、高橋正雄の言葉ですが、これが書かれた一九三三年は、日本がすでに一五年戦争に突入し、国際連盟を脱退して日中戦争に向かおうとしている時期であることを考えると、これほど根源的な問題提起はなかったと言えるでしょう。私も、今日の話の中で、国家は果たしてわれわれにとっての究極的な価値なのか、という問いを発していますが、その答えはすでに高橋の右の言葉に言い尽くされていると思います。

私の今日の話の中でもう一つ取り上げたい重要なテーマは、戦後七〇年を迎え、戦争についての記憶の風化が進む中で、われわれが、他国で起こっている戦争やテロの惨禍にも一見無頓着に見えるのはなぜなのか、という問題です。題辞の言葉は、ドストエフスキーの『カラマーゾフの兄弟』の中でゾシマ長老が死に臨んで残していった言葉の一つですが、彼はここで、たとえそれが地球上を遥かに隔てた見知らぬ人であっても、その人の安らぎを願う祈りは、きっと神のもとに届くであろう、という趣旨のことを述べています。私の様な無信仰者には簡単に「そうだ」とは言えないのですが、宗教的な文脈を切り離してみても、ここには大切な問いかけが含まれているのではないでしょうか。少し前置きが長くなってしまいましたが、ここから本題に入りたいと思います。

1　二つの原点——戦争体験と教祖との出会い

「取り返しのつかない死」の記憶

それは、一九四五年の敗戦から二年後の晩秋のある日のことでした。戦災で焼け出されて田舎の旧家の一隅に間借りしていた我が家のもとに、一通の「戦死の公報」と位牌が入った粗末な白木の箱が届きました。ビルマ（今のミャンマー）に出征していた父の一番末の弟、つまり私にとっては叔父にあたる人の戦死を告げるものでした。叔父とはいっても私とは歳が近かったので、応召前は、うちに寄宿していて兄弟のように一緒の部屋で寝起きしていました。彼はその頃宮沢賢治に傾倒していて、夜ごと、私の枕辺で賢治の童話を読んでくれていました。「どっどどどうど　どどうど　どどう」という『風の又三郎』の冒頭の一節を、独特の節回しで読む彼の声が、いまでも耳元に蘇ってきます。

昭和のファシズムの前夜、父親、つまり私の祖父から、平和への願いを込めて「和平」（かずひら）と名付けられた彼は、その名にふさわしく心の優しい人でした。その彼に「気になる」女性ができて、ようやく婚約も整ったその時、召集の赤紙が届いたのです。そして、彼が異国の地で死を迎えたのは、敗戦を目前にした一九四五年の七月のことでした。

それから二年後、彼の戦死の報せを聞いた私の喪失感は、子供ながら、たとえようもなく深いものでした。あと一〇年早く生まれていたら自分も……という思いに戦慄したのは、いま少し後のことでしたが、ちょうど戦後の混乱期で、辛い出来事は沢山あったけれど、今から思うと、叔父の死から受けた衝撃に勝るものはなかったように思います。「なあに、あいつのことだから、何もなかったような顔をしてすぐに帰って来るさ」と言い続けていた私の父も、青ざめた顔をしたまま、その日は終始無言でした。それより私たちを心配させたのは、義弟をわが子のようにいつくしんできた母の嘆き様です。「あれぇいとしやのう」と掻き口説きつつ、しばらくは泣き暮らしていました。

しかし、子供の心は移ろいやすいものです。敗戦の直後までいっぱしの軍国少年だった私も、やってきた米軍の将兵が街中をジープで颯爽と駆け抜ける姿や、復興に向けて目まぐるしく変わっていく世の中の動きに目を奪われているうちに、叔父を失った悲しみや欠如感はいつしか薄れていきました。ところが、私がちょうど叔父の戦死した年頃、つまり二〇才を少し過ぎたころから、フト、彼が今生きていたら何を考え、何をしていただろうと思うようになります。許嫁だった人は、すでに他の人と結婚していて、それは彼も望むところであったにしろ、戦争がなければ、戦死さえしていなければ、二人にとって全く別の未来が待ち受けていたわけです。その結果が幸福であってもなくても、いろんな可能性を精一杯生きて、自分ならではの人生を送り、自分ならではの死を遂げていたに違いないのです。

しかも、それを「さぞ無念であったろう」などと思うのは、生きている側の憶念というものであって、死んだ人間には何を語ることも、思うことすらも出来ない。そのことを考えたとき、初めて私は戦争による「強いられた死」が、いかに残酷で理不尽なもの、不条理なもの、不当なものであり、いかに「取り返しのつかないもの」であるかということを、腹の底から思わせられたのでした。

その後、大学に入学した私は、日本の近代史を専攻しました。「取り返しのつかない死」をもたらした戦争への「なぜ」という問いを、歴史に向けて問うてみたかったからです。ただし、私が選んだのは歴史学の王道を行く政治史や社会・経済史ではなく、思想史、とりわけ民衆思想史という、当時誕生したばかりの学問分野でした。「取り返しのつかないもの」をそれでも取り返そうと思うなら、戦争を阻止できなかった要因を、人々の「心の在りよう」に遡って追及することが、最も根本的な課題だと考えたからです。

その場合、「人の心の在りよう」を尋ねるのに「自らの心の在りよう」を問わないで済ます訳にはいきません。ですから、私にとっての学問は、自分自身の「生きる」という課題と、イコールではなくても、絶えず緊張した関係にあったことを申し添えておきたいと思います。

これぞ言葉だ！

こうして、思想史という学問に辿り着いた私は、あるとき、所属する大学の図書館で、一冊の本と出会います。何気なく手に取った本の表紙には、『金光教教典』と書いてありました。昭和初年の刊行だったと記憶しています。そのとき「カネミツ教」と呼んでしまったのですが、それは、高校の同級生に同じ字を書いてカネミツさんという人がいたからだと思います。そのとき「大方どこかの新興宗教なのだろう」と多少小馬鹿にした気持ちで頁をめくっていくうちに、私の眼はいつしか、そこに書かれている言葉に吸い寄せられていったのでした。皆様にはお馴染みの言葉ばかりでしょうが、私にとっては、教祖と出会うきっかけとなった大切な言葉だったので、そのとき印象に残った言葉を、少し書き出してみます。

「人の身が大事か、わが身が大事か、人もわが身もみな人」

「天（あめ）が下に他人ということはなきものぞ」
「懐妊の時腹帯をするより、心に真（まこと）の帯をせよ」
「子供の中にくずの子があれば、それがかわいいのが親の心じゃ。無信心者ほど神はかわいい」（これなどは、どこか親鸞聖人の悪人正機説を思わせるものがあります）
「神を信ずる者は多いが、神に信ぜられる者が少ない」
「お供え物とおかげは、つきものではないぞ」（御礼の多寡と御利益とは関係がない）
「此方（このかた）の行は水や火の行ではない、家業の行ぞ」（これも見ようによっては、商業活動や生産活動を信仰の上から重視したカルヴィンのプロテスタンティズムにも通ずるものがあります。……ついでながら、私がこうして教祖の教えの中に、他の宗教思想と近いものがあるというと、本教は特別なのだと思っておられる人はちょっとがっかりされるかもしれませんが、むしろ、教祖の教えの中にはそれだけ世界的な普遍性があるのだと、誇らしく思って頂きたいのです）
「痛いのが治ったのでありがたいのではない。いつもまめながありがたいのぞ」
「人間は万物の霊長であるから、万物を見て道理に合う信心をせねばならぬ」（私は前回のシンポジュウムで、もっと理性的な信心を、ということを申し上げましたが、その時念頭にあったのも、この言葉でした）
「人間は人を助けることが出来るのはありがたいことではないか。牛馬はわが子が水に落ちても助けることができぬ。人の難儀を助けるのがありがたいと心得て信心せよ」（これはまさに「人が助かることさえできれば」という言葉と軌を一にしたものです）
「女は世界の田地である。世界の田地を肥やしておかねば貴いものができぬ。女は家の家老じゃ」
「人には上下（かみしも）があるが、人間はみな同じように神の氏子じゃによって、見下したり汚がったりしてはならぬぞ」

「世には神を売って食う者が多いが、此の方は銭金（ぜにかね）では拝まぬ。神を商法にしてはならぬぞ」

こうした言葉が連綿と続いていたのです。これはいまの教典で言うと、「理解Ⅲ」の「慎誡《しんかい》」とか「神訓《しんくん》」とか「金光教祖御理解」にあたる部分で、やや断片的である分、前後の脈絡が分からなくて、資料的な価値は些か低いかもしれませんが、それでも私の眼にはとても新鮮なものに映りました。そして極めつけはこれです。「人間は勝手なものである。いかなる知者も徳者も、生れる時には日柄も何も言わずに出てきておりながら、途中ばかり日柄が良いの悪いのというて、死ぬるときには日柄も何も言わずに駆けっていぬる」。

なんと平易な、それでいて事柄の本質を突いた見事な言葉ではありませんか。その内容もさることながら、私はちょっぴりユーモアをたたえたこの語り口にもすっかり魅せられてしまいました。つまり、内容は大方の宗教の開祖や教祖も言いそうなことですが、その語り口に、「権威ある者」のような「押しつけがましさ」が全くないのです。それ以上どんな説明も解釈も要らない「生活者のことば」で、大事なことを殆ど語り尽くしているのです。私はそのとき思わず心の中で呟いたものです。「これぞ言葉だ！」。

ちなみに、彼の残した言葉の中にはこういうのもあります。「私のことを人が、神、神と言いますが、おかしいではありませんか。私が、なんの神であろうぞ。私は何も知らぬ、土を掘る百姓でありますす」。皆さんよく御存じの言葉だと思いますが、彼の「言葉」の説得力は、こうした慎ましい自己認識やその人間観と深く関わっていたことは疑いありません。

「ファン」としての弁

その後間もなく、私は、この宗教の名称が「カネミツ教」ではなく「コンコウ教」だということ、教祖は、幕末から明治の変革期を生きた赤沢文治、のちに「金光大神《こんこうだいじん》」と呼ばれた人であることを知り、もっと知りたいということで、早速その本部のある金光の町を訪れました。一九六九年（昭和四四年）の盛夏のことです。以来今日まで四六年。その間、幾度となく金光通いを繰り返して、教団の様々な人々と交流し、教祖のこと、教義のこと、教団の歴史など、多くの事柄について学ばせて貰いました。そのせいか、私の研究者仲間の中には、さてこそお前は信者になったか、とか、教団の御用学者に成り下がったか、などと思う人もいたようですが、実のところはその何れでもありませんでした。強いて言うならかなり熱心な「ファン」のひとりに止まった、とでも言っておきましょうか。ちなみに、手前味噌になるかもしれませんが、野球でもサッカーでもファンあってこそ成り立つもの。これに関連して東京センター所長の大木光雄さんが、あるとき、こういうことを言っておられました。「教団はもっと周辺部分が広がって、富士山の裾野のようになっていかなければいけない。真ん中の円筒部分だけだと、ちょっと風が吹けばすぐに折れたり倒れたりしてしまう。だから信者じゃなくても、共感してくれる人たちのすそ野が広がって行けば、滅多に倒れることはない」と。うまいことを仰る。

そう言えば、私は、金光教に限らず、いくつものファンを兼ねているのですが、それは多分、真宗王国のど真ん中で生まれて、篤信の門徒を祖父に持ち、それに反逆してキリスト教に走った母の姿を見ながら育ったからで、私には、元々その両方に対する親近感があり、そこに六〇年安保闘争前後からマルクス主義の影響が加わっても、夫々に捨てがたいものがあったのです。金光教と出会った際にも、その魅力にひかれながら、それ以上に進みえなかったのは、信者となる事で他の宗教や思想との二者択一に迫られ、不毛な清算主義に追い込まれることを恐れたからだろうと思います。もちろん、既存の宗教や思想に対するこうした私のスタンスの取り方には、核となる軸を持たないために思想的なルンペンになりかねないという、弱点もあったと思います。しかし、そこに絶えず歯止めをかけて、常に向かうべき方向性を与えてくれたものは何かと言えば、まさに少年時代から心に刻んできた戦争による「取り返しのつかない死」の記憶でした。

逆に言うなら、その「記憶」への拘りが、親鸞の教えであろうと、キリストの教えであろうと、金光大神の教えであろうと、はたまたマルクス主義やその他の思想であろうと、役に立つと思えば何でも摂取するという私自身の心の態度を作り上げてきたのだともいえます。いわゆる「いいとこ取り」です。あとでお話しするように、そのことがまた、私をして、恐らく、信者の方々とは違った道筋を辿って、教祖と改めて出会い直すことを可能にしてくれたのだと思います（その意味で、私は教祖とは二度出会っているわけです）。そこに話を運んでいくためにも、ここではひとまず、戦争による「強いられた死」「取り返しのつかない死」の問題を巡る私自身のいまの認識について、簡単に触れておくことにします。

2 「戦争による死」から見た現代

戦争による「死」は紛れもない「殺人」

まず、私は、この問題を考えていく大前提として、「戦争による死」は紛れもない「殺人」であり、その他の一般的な「死」とは厳密に区別すべきものである、ということを確認するところから出発したいと思います。

言うまでもなく、人間の「死に方」には色々あって、それぞれの「死」にはそれぞれに固有の意味があるはずです。たとえば、いわゆる「自然死」や「病死」などの場合、われわれはしばしば日常生活のなかで直接・間接に経験し、ある程度は予測の範囲内のことでもあるので、辛くても悲しくても、結局受け入れていくほかはないものと言えるでしょう。

これに対して、災害や戦争などの非日常的な出来事によってもたらされる「不慮の死」「非業の死」というものは、当事者はもちろん周囲の人にとっても、容易に受け入れられるものではありません。この内災害による死は、不可抗力的なものとして諦める余地もないではありませんが、人間同士が殺し合う「戦争による死」は、どのような理屈をつけてみても、紛れもない「殺人」であり、「国益」や「自衛」や、あまつさえ「平和」のためなどという欺瞞的な「名分」によって逃げ道が塞がれている分、極めて残酷なものだと言わなければなりません。

それでも、納得できない人がいたら、この声に耳を傾けてほしい。学費を稼ぐため州兵に志願したアメリカの一青年が、イラク戦争に駆り出され、市街戦の混乱の中で逃げ惑う民間人が次々と犠牲になるのを目の当たりにし、罪の意識にさいなまれ、たまたま負傷して帰還したら、心ならずも「英雄」として表彰されることになった。その時メッセージを求められて彼は言った、というのです。「何が英雄なものか。私はただの殺人者だ」と。そう言えば不利な立場になるのを承知で、彼は、叫ばざるを得なかったのでしょう。紙名は失念しましたが、数か月前の新聞報道です。

ところが、伝統的な教団宗教は、概して、そうした個別・具体的な死の意味を問うよりも、死が、結局のところは、誰も逃れることのできない宿命であって、その限りでは、万人に対して「平等」なものだという一般論の中に、個別的な「死」の問題を解消してきたように思われます。そして、「殺人」という問題に就いては、「殺す勿れ」とか「殺生戒《せっしょうかい》」などという戒めを、これも一般論の形で説くことによって、その重要性を強調してきたかに見えるわけですが、私は、そうした伝統的な教団宗教の本質論的な捉え方が、人びとの死生観の形成に果たしてきた役割を十分認めつつ、そのことで戦争と死ののっぴきならない関係を曖昧にしてきた部分があるように思えてなりません。

その点で、日本の伝統的な民間信仰の中に、「非業の死」を遂げた者のまつろわぬ霊を鎮める「御霊《ごりょう》信仰」(1)や百姓一揆の犠牲になった指導者の霊を祀る「義民信仰」などというものが、先祖祭りの体系とは別個に存在し、ともに権力に対する不穏な要素をたたえていたことは、今の私たちにとっても興味深いことのように思います。ちなみに、今日の靖国神社や護国神社といったものは、本来の怨霊的な性格を換骨奪胎した、似て非なるものだということを申し添えておきます。

「戦争による死」から見た現代

以上の認識を前提として、ここからは「戦争と死」の問題をいま少し具体的に掘り下げていくことにします。その場合私は、このテーマに関わる色んな教説や学説を並べ立てるのではなくて、実際に起こった戦争に関するいくつかの基本的事実《データ》を直視するところから話を始めたいと思います。

そこでいきなりですが、みなさんは、二〇世紀になって世界の戦争というものを変えたと言われる第一次世界大戦の死者はどのくらいだったと思われるでしょうか。……これは推計ですが、戦闘員で亡くなったのは九〇〇万人、非戦闘員の死者は一〇〇〇万人と言われています。それまでの戦争でも大勢の人が亡くなっていますが、これは桁違いの数字だと言わなければなりません。さらに第二次世界大戦の場合はどうでしょうか。これも推計ですが、戦闘員の死者は二二〇〇〜三〇〇〇万人、非戦闘員の死者は三八〇〇〜五五〇〇万人と幅がありますけれども、多く見積もった場合は、両方で八五〇〇万人。太平洋戦争直前の日本の人口が約七二〇〇万人ですから、日本一国の人々が数年の間に消滅した勘定になります。

しかもそこにはナチスのホロコーストや広島・長崎への原爆投下という無抵抗の民間人に対する前代未聞の大量虐殺による死者も含まれていました。前者は推計五八〇万人、アウシュビッツだけでも一一〇万人、広島・長崎はたった二発の原爆投下で、直後は二一万人。五年後までだと三四万人と、その殺人の効率も（それを「効率」と呼ぶならばですが）飛躍的な変化を遂げています。更に九・一一のハイジャックテロでは、貿易センタービルだけでも遺体の未発見部分を含めて三七〇〇人近い人たちが、無差別に殺害されています。

無差別と言えば、最近のＩＳ（イスラム国）によるテロでも、人の命が、国籍に関係なく、いわば巻き添え、または駆け引きの手段として狙われています。もはや大義も名分もあったものではありません。もちろん、これに対する報復として行われるドローン（無人機）からの爆撃が多くの民間人を巻き込んだ場合も、「テロ」と呼んで然るべきでしょう。

---

(1) 九世紀の頃、天災地変が起こると、これは内紛などによって非業の死を遂げた高貴な人の怨霊のなせる業だとして不穏な動きを見せた民衆をなだめるため、朝廷が大法要を営んだことに始まる。人を神として祀る信仰の源流の一つとなった。

しかも、日本人の後藤さんがIS国で殺害されたきっかけは、安倍首相がアラブ諸国訪問の際、不用意な経済援助を表明したためとも言われています。そうだとしたら、九・一一と同じことが、いつ日本のどこかで起こっても不思議ではありません。さらに、ウクライナの戦争では、ロシアのプーチン大統領が、あわや原爆のスイッチに手をかけるところだったという報道が私たちを震撼させたのはつい最近のことでした。どうか想像してみてください。私たちは今や、そういう「非業の死」の世界的同時性（どこで起こっても不思議ではないという状況）の中に投げ込まれているのだということです。

ところが、新聞を見てもテレビを見ても、そんなことはどこ吹く風というような情景ばかりが目につきます。エロ・グロ・ナンセンスを売り物にした深夜番組とか、健康サプリのCMとか、そういうものを見ていると、いまシリアの内戦で命をなくした人（二五万人という）や逃げ惑っている難民たち（国内七六〇万人、国外が四一〇万人だという）に、ひたすら済まないという気持ちになります。これは、人々の想像力が衰弱しているせいなのでしょうか、はたまた絶望感が深すぎて正視に耐えられないから、だから知らんぷりをしているだけなのでしょうか。いずれにせよ、叔父の死という自分の狭い経験からして、それだけでも関係者は悲嘆のどん底に突き落とされているのに、それが何千万人分もパイルされた山のような死の前に立たされたら、もう絶叫するか卒倒するしかないでしょう。だから、見ざる言わざるを決め込むほかはないということなのでしょうか。

「命の値段が異なる理不尽」

たとえば、これは戦争による死者の話ではありませんが、私は、数人の宗教研究者と一緒に書いた『はじめて学ぶ宗教』（有斐閣二〇一一年）という本の中で、現代人の死生観に触れてこんなことを書いています。

「……根本的な問題は、現代における人の『死に方』に、かつては想像もしなかった事情が加わって、死に対する私たちの感覚がマヒし、虚無的になりつつあるという点です。前近代では、災害や戦争を除くと、『不慮の死』というものは滅多になく、殆どが畳の上で死ぬ『自然死』でした。ときたま行き倒れの人がいても、施餓鬼供養《せがきくよう》などを施して懇ろに葬ったと言います。ところが今は交通事故死などは日常茶飯事、日航ジャンボジェット機の墜落で五〇〇人以上の人が一度に亡くなったときには度肝を抜かれましたが、だから飛行機をなくせばいいとは誰も言い出さない。そういう社会とそういう精神の在り方に、私たちの向き合うべき本当の『死』の現実があるのではないでしょうか」。

私は、ここでは、自らを制御できなくなった科学の異常な発達やら、消費文化に組み伏せられたわれわれの価値観の転倒やら、人の死など構ってはいられない程の欲望の肥大化やらを念頭に置いて言っている訳ですが、それらは戦争やテロによる死がもたらした精神状況とも深いところで繋がっているのではないでしょうか。

では、そこからさらにどんな状況が生まれてきているのか。評論家で千葉大学教授の酒井啓子さんの次のような指摘には、私たちの心をえぐるようなものがあります（「命の価値が異なる理不尽」『朝日新聞』二〇一五・二・二六）。

命の値段には違いがある。テロリストが外国人を惨たらしい姿で殺害するのは、その命が「高い」と分かっているからだ。ＩＳに乗っ取られたシリアとイラクで、殺されているのは外国人ではなく専らイスラーム教徒だ。２０１１年の内戦以来、シリアでの死者は18万人を超え、イラクではＩＳ侵攻以来、毎日１００人弱が亡くなっている。だが、それでは世界が動かない。日本人のだれが、毎日数百人の中東での犠牲者に追悼記事を書くだろうか、今回の人質殺害事件で、イラクのアラビア語紙が紙面半分を割いて、日本人の死を悼む論を掲載したというのに。……「高い」命なのだから危険に近づくなと、自国民の命だけを大事にする国内の空気。後藤健二さんの紛争地報道への意欲も、政府の難民支援も、世界から見向きもされない命に手を差し伸べることから始まったはずだ。だが、人質事件への対応の過程で、中東の人々の命の値段はますます、日本人の命と乖離していく。……そして今、日本人だけを助けるためにどうするかに議論が集中している。では日本人とともに生きる現地の人々の命は誰が守るのか。なぜ同じ暴力の犠牲になっている人々全体を守ろうと考えないのか。日本はイスラームや中東の理解が足りない、と言われる。だが、欠けているのは知識ではない。「不公正」に対する怒りへの理解だ。命の値段が違う。……その都合いい基準、不公正に中東・イスラーム社会の人々は傷つき怒っている。彼らはそのことをこそ、分かってほしいと思っている。

「人類」と「私」を隔てているもの

酒井さんは中東社会の専門家ですから、ここではアラブのイスラム社会の人々のことだけを取り上げていますが、私たちの問題としては、これを他者としての「人類」にまで拡大し、本来は自分もその一員であるはずの「人類」と「私」をかくも隔てているものは何か、という「問い」に集約できるでしょう。それを問うことは、取りも直さず、戦争による「取り返しのつかない死」の根源を探ることにもなるからです。

こうした問題に就いては、私は専門家ではありませんが、敢えて私見を述べるとすれば、「人類」

と「私」の間を隔てているものは色々ありますが、一番の障壁は、とりあえず「国家」というものの存在だと、私は思っています。「領土」とか「領海」とか「国境」とか「国益」といった観念も「国家」に付随したものですが、それらの全ても、人類的な立場に背を向けた、国家の排他的性格を支えるものと言っていいでしょう。国家に次ぐものとしては「民族」や「宗教」の対立がありますが、外に対して排他的であるという点ではいずれも同じです。

ところで、国家の下には様々な利益集団の矛盾対立があって、「国家」はその調整の役割を担っている訳ですが、普段は中立を装いながら、いざとなるとその権力を維持するために、自らの支持基盤となる一方の集団の意向を汲み、他方の集団の意向を無視したり抑圧したりすることがよくあります。最近の例で言えば、世論の半数以上が反対し続けてきた「安保関連法案」を、政府が強行採決で押し切るとか、沖縄の普天間基地の辺野古岬への移設問題でも、多くの県民の反対の意思を無視して、移設を強行しようとし、県や市の頭越しに、賛成している周辺地区のみへの振興費の配分を決めて、露骨な切り崩しを図るといった出来事が起こっています。こうした事態の中に、「国家」というものの本質的な性格が露呈していると言っていいでしょう。にもかかわらず、われわれは結局のところ、「国家」が最終的な拠り所だという「幻想」をなかなか手放すことができないでいます。

これはいまに始まったことではありません。あのギリシャの哲人プラトンが、二四〇〇年近く前に、「国家」の理想像を描いたときにも、国家を超えた人類という視点を持つことができませんでした。その後、トマス・モアが、今からちょうど五〇〇年前、現実の国家や社会への痛烈な批判をこめて『ユートピア』を書いたときも、「国家」という思考の枠組みは終に超えることができませんでした。「人類」への眼差しを欠いていたからです。

その点で初めて国家の消滅を説き、共産主義社会に人類の究極の到達点を求めたのは、言うまでもなくカール・マルクスですが、それを性急に実現しようとしたかつての共産主義国家が、いまは軒並み国益を優先した「フツウの国家」に成り果てている現実は、「国家」という幻想の力が、いかに容易ならぬものであるかを物語っています。国際連盟や国際連合といったものが成立した当初には、少しでも国家間の対立や矛盾を緩和してほしいという人類の願いが託されていたはずですが、安保理事会で大国にのみ与えられた拒否権が、お互いの提案を潰し合う中で、人の命がなすすべもなく脅かされ、失われていくという現実は、当分変わる気配がありません。その常任理事国に日本が立候補するという話がありますが、そうなったらアメリカの拒否権が一票増えるだけ、というのは見え見えです。このように、天下国家の方にだけ目を向けていると、どこにも希望がないように思えてきます。あとは市民運動しかないと思って、このところ私はずっと地域の「憲法九条の会」というところで活動していますが、来る人と言えば「昔サヨクやってました」というふうな爺ちゃん祖母ちゃんばかりで、偉い先生を呼んできて話を聞いては「よかったよかった」といって自己満足して帰っていきます。これでは世の中なんて変わるはずもありません。

ちなみに、私は昨年から東京の金光教の平和集会に参加し、ちょっと恥ずかしい思いをこらえて、金光教のプラカードなどを掲げながらデモに参加していますが、集会の時に演じられる寸劇などとも併せて、こちらの方が、良く工夫されていて、市民・大衆の方を向いた活動をしているな、と感じています。こういうものは内々でやるだけでなく、一般の都民にも参加を呼びかけて頂きたいものです。ついでのことに金光教の看板はちょっと控えめにしていただくとなおいいと思うのですが。

もうひとつちなみになりますが、私の好きな作家のひとり、小川洋子さんは本教の信者さんと伺っています。彼女も芦屋のほうで「九条の会」の呼びかけ人をされているそうです。彼女はあるインタビュー記事の中で、『アンネの日記』が愛読書だといい、「私のどんな作品にも、根底にはホロコースト（大虐殺）文学があると自覚している」と仰っています。私は、彼または彼女が、金光教の（あるいはキリスト教の、あるいは仏教の）信者さんだと聞いただけでその人を信用することはありませんが、小川さんのファンだと分かれば、たぶん信用してしまうでしょう。当たり前のことですが、信仰とはひとりひとりの人間に即してあるものだと思うから。

3 「人が助かる」とは

再び教祖の言葉に訊く

ところで、話は戻りますが、二年前、教団から、「教祖の一三〇年の記念集会でシンポジウムをやるから発題者の一人になってくれ」と言われたのは、ちょうど私がそうした悲観的な気分に落ち込んでいた時でした。ですから、かなりためらいはあったものの、結局引き受けることにしました。それは、これを機に、戦争による非業の死の問題を、教祖はどう考えているのかを尋ねてみようと思ったからです。

そう思って、久しぶりに『金光教教典』をパラパラめくってみたら、ちょっと驚きました。当然のことながら、『教典』にはどこにも戦死のことはおろか、戦争のことさえ出てこないのです。彼の生存中に起こった戦争は戊辰戦争だけですが、大谷村は主戦場から離れていたから、というのが一つあります。しかし仮に主戦場だったとしても、そこは国民皆兵の近代と違って、戦争は武士たちがやるものであって、彼も、信者の誰彼も、豊臣秀吉の刀狩以来丸腰にされてきた民衆でしたから、戦争の巻き添えを食う時以外は、切実な問題とはなりえなかったのでしょう。『教典』は、どんな問いにも答えてくれる「正解」のデパートではありません。ですから、絶えず問う側の主体性と想像力によって、今の時代の要求するものに大胆に読み替えていく必要があったのです。「教祖が今生きていたらどう考えるか」という風に。

長くなりますから簡単に言いますと、「戦争」や「戦争による死」の問題は、教祖の言葉で言えば、まさに人間の「難儀」の問題です。そして、安政六年一〇月の「立教神伝」を上げるまでもなく、彼にとっての中心課題は「難儀な氏子を助ける」ということに尽きるのでした。その氏子とは、教祖にとってはどう見ても、そこいらの神社の氏子ではなく、「人類」を指した言葉に違いないのです。彼がそのことをとくに意識した時には「総氏子」と呼んでいます。その彼が、戦争やテロによって、かくも多くの人たちが、かくも無残に命を絶たれていく今の人類の姿を見たら、何と思うでしょう。恐らくは、心痛のあまり絶句してしまわれるのではないでしょうか。そう思った時に、再び、そしてもっと痛切な響きをもって私の心に浮かんできたのは、「人が助かることさえできれば」という教祖の言葉でした。

人類がすっぽり入ってしまうほどの……

これは、ご存じのように、別派独立のための信条が欲しいという教団幹部佐藤範雄の進言に対して、「此方は独立してもせんでも、人が助かることさえできれば結構である」と仰った言葉の中にあるものです（『教典』理解Ⅲ内伝）。私が初めてこの言葉を知ったのは、もう四〇年以上も前のことで、最初に書いた本の中でも触れているのですが、その時の私はどちらかというと、「別派独立」は得るものばかりではないぞ、という警句として、この言葉に着目したのでした。しかし、今のような人類の状況を教祖が目の当たりにされたらどうでしょう。そのとき、この言葉は、希望の光も見えない暗がりの中で、振り絞るようにして吐かれた教祖の「究極の願い」「究極の祈り」として聞くほかはないのです。この願い、この祈りに、私たちは耳を塞いでいることができるでしょうか。光は暗がりの中でこそそれと見えるものです。だから、暗がりを見ようとしない人には光も届きません。教祖の言葉は、私たちにそのように語りかけているようです。

しかし、そこで気になるのは、そもそも「助かる」とはどういうことか、ということです。金光教は、よく「信心で助かる道だ」と言われます。『新約聖書』の「ローマの信徒への手紙」の中で、パウロが「神はユダヤ人だけの神ではない。異邦人でも信仰によってのみ義とされる」と言っているのも同じ趣旨に違いありません。生きていた時代も地域も遠く離れていたこの二人が、同じ認識を共有していたということは、なんと素晴らしいことではありませんか。特定の信仰を持たない私が言っても説得力はないかもしれませんが、多分ここには信仰というものの最も深い意味が示されているのでしょう。

だからこそ敢えて言ってみるのですが、それでは、信仰が無かったら、人は助からないのでしょうか。いま、地球のあちこちで多くの人たちが命の危機に晒されているのを知りながら、信仰がないから、自分たちの信仰とは違うからと、指をくわえて見ていていいのでしょうか。むろん、パウロも教祖も、そんな事を言っているのではありません。直接助けることができなければ、心を尽くして、彼らの助かりを神に願ったに違いないのです。しかし、自分が信心で助かったという思い込みが、得てして他者への眼差しを閉ざしてしまう人もないではありません。親鸞聖人が「本願誇り《ほんがんぼこ》」と呼んで戒めた人たちです。他方で、宗教と聞いたらそれだけで毛嫌いする人も少なくありません。難儀というなら、そういう人たちの難儀の方も根が深いかもしれないのです。

しかも、「人が助かることさえできれば」という教祖のこの言葉は、一見ありふれて見えて、そういう偏見を持った人たちさえも、みな「そうだね」と頷かせずにはおかない言葉、人類がすっぽり入ってしまうほどの、とてつもなく広くて深い言葉だと、みなさん、思われないでしょうか。この言葉に私が力を感ずるのは、「人を助けなさい」と言っているのではなくて、人知を尽くしてみても、世界中に遍満している人々の難儀を助けることなどは到底できない、そのギリギリのところで、それでも「助かってください」という真心からの「祈り」、切実な「願い」は、人を動かさずにはおかないものだということを、先人たちの具体的な生き方を通して、すでに知っているからです。

私は、自ら告白しているように、手の付けられない無信心者で、非合理的な考えは受け付けない人間です。そのような私でも、こうした無私無欲の心から振り絞るように出てきた究極の願いが、人を動かさずにはおかないものだということを、認めずにはいられないのです。もちろん、政治問題にも社会問題にも人智を尽くしてこその祈りです。祈りを尽くしてこその人智です。思いっきり青臭いことを言いますが、「世界の平和」も「人類の助かり」も、そうした個々人の内に秘められた祈りの声が、ひたひたと広がっていく、その先にのみありうるものなのではないでしょうか。

なお、この一文を書き終えてから間もなく、パリで、ＩＳ（イスラム国）による無差別テロによって、百数十名もの死者が出るという痛ましい事件が起こったので、少し書き足しておきます。テレビや新聞の報道では事件の現場で花束を供えて祈る人々の姿が紹介されていましたが、その後、新聞の論壇時評で、作家の高橋源一郎さんが、私も先に引用した評論家酒井啓子さんのコラムの文章に共感を寄せて、こんなことを書いていました（『朝日新聞』一一月二六日）。「祈るな、といっているのではない。祈るべきだ。その思いは共有している。けれども、誰のために、なのか。そして、祈ることが、何かを忘れることに繋がりはしないのか」と。そして高橋さんは、フェイスブックに投稿されたというインド人の女性の次のような詩で、この文章を結んでいます。

「パリのために祈りたいなら祈りなさい
でも　祈りを捧げられることのない
もはや守るべき家すら持たない
世界の人々にも
多くの祈りを
馴染みの高層ビルやカフェだけでなく
あらゆる面で　日常の何かが
崩れ去ろうとしている
この世界に祈りを」

Pray, and think,

私が「人智をつくしてこその祈り」と言っているのも、そのことにほかなりません。

国家を超えてゆく願い

ちょっと、抽象的な話になってしまったので、最後に、最近私が具体的に経験したことをお話しして、結びに代えたいと思います。

最近と言ってももう八、九年前になるでしょうか、私は、韓国のある大学の開学六〇周年の記念行事に招かれ、「東北アジアにおける宗教と平和」と題する講演をしました。ちょうど「竹島」(韓国で言う独島)問題などで、両国の世論がかなりヒートアップしていた頃です。私は、講演の中ではその問題には触れなかったのですが、質疑の中では当然出てくると思い、私を呼んでくれた先生に、その場合はこういうことを話したい、と事前に打ち明けておいたのです。そうしたらその先生は、私のことを心配して、その程度の事でも今は刺激的なのでは、と言ってくれたのですが、質疑の中では、案の定、ズバリ「竹島問題」についての見解を問う質問がありました。それで、せっかくの先生のアドバイスだったのですが、今こそ本音をぶつけ合わねば、と思って、私は予定通り、次のような内容のことを話しました。

「領土をめぐる議論を聞いていると、どちらが先に見つけたとか、領有したとかいったミクロな話になりがちですが、これをもっとマクロな目で捉え直すとどうでしょう。『縮尺人類史年表』という面白いものがあって、地球の誕生から今日までの歴史を時間の長さに置き換え、一年を一ミリに縮尺してみたらどうなるかが一目でわかるようになっているものです。それによれば、地球の誕生から今日までの四六億年を縮尺すれば四六〇〇キロ。そこから話を始めると、〇がいくつあっても足りなくなるので単なる比喩として言えば、現生人類(ホモサピエンス)の登場以後の人類史を、仮に一メートルとすると、そこから始めてみても、近代国家成立以後の領土観が機能してきた期間は、一ミリにも届かないのです。それを考えると『固有の領土』の固有性などというものは、吹けば飛ぶような話ではありませんか。その他つける理屈は色々あっても、土地とか海とか河川とか湖沼とかいったものは、本来誰のものでもなく、まさに天の恵みとして与えられたものという他はありません。ですから『領有権』などというもっともらしいものも、問い詰めていけば、それを正当化しうる根拠などどこにもないのです。そして、もし、人間に許されていることがあるとすれば、他の自然界の生き物たちの生存に配慮しつつ、われわれもその恵みに与ることだけではないでしょうか。これを『竹島』問題に当てはめて言えば、差し当たり関係してくるのは、そこから生活の資を得ている周辺の日韓の漁民たちであり、そういう人たちが、その利用について一堂に会して冷静に話し合えば、双方が納得できる地点に到達することは間違いありません。政府にはできなくても、われわれだったらできるはずです。それだけではなくて、領有権を巡る問題を抱えている他の島嶼や地域、たとえば日本で言えば、歯舞・色丹・国後・択捉や尖閣諸島、あるいは南沙諸島を始め、世界の各地で同様の確執を抱えている地域をすべて領有という枠組みから外し、これを永世中立地帯として、軍事基地などは一切作らない、という方向に持っていけたら、それこそ世界の平和に貢献することにもなるでしょう。それは果たして夢物語でしょうか」。

とまぁ、そんなことを申し上げたのです。終わってから、ほんの暫く間があって、私は思わず緊張しました。ところが、そのあと徐々に拍手が起こって、やがて二〇〇人ほど入った会場全体に広がり、自分から言うことでもありませんが、ある種熱狂的な雰囲気に包まれていったのです。そのとき、私と韓国の人たちの間にあった、目に見えない国境線は、どこかに吹き飛んでしまっていたのでした。

最後に、もう一度、高橋正雄の言葉を。

私たちには「国家を超えて生きていかずにはおられぬところの願いがある」。

II

戦争と信仰

——『卡子』と大久保さん父子のこと——

1 『卡子』との出会い

一九八四年の秋口のことでしたか、近世思想史の研究仲間である宮沢誠一氏から、遠藤誉《ほまれ》さんという女性物理学者の書いた『卡子《チャーズ》—出口なき大地』（誌売新聞社、一九八四年。以下、引用文はこの本による。その後一九九〇年には文春文庫から、二〇一二年には朝日新聞社から再刊）という本を紹介されました。

曰く「これは日本人必読の書だと思うが、なかに出てくる筆者のお父さんが金光教の信者さんだから、その意味でも参考になるはずだ」というのです。とかく世事に疎い私は、そのとき、筆者の遠藤さんが「不条理のかなた」という作品で第四回の読売「女性ヒューマン・ドキュメンタリー」賞を受賞した話題の人であるということも、『卡子』がその小品を長編化したものであるということも知らないまま、宮沢氏の語気に促された格好で、早速、近所の書店に足を運びました。そしてこの本を読み終えたとき、私ははじめて宮沢氏のやや強引ともいえるはからいの意味を了解したのです。

すでにこの本を読まれた方には無用の講釈になりますが、卡子の卡というのは、中国語で「人が番をして狭い口をふさぐ」という意味です。一九四五年の敗戦当時、旧満洲（いまの中国東北地方）の長春にあって製薬工場を営んでいた大久保宅次さん（誉さんはその三女）一家は、日本人の大半が引き揚げていったあとも、特殊技術者として国民党政府に強制留用され、そのまま長春に残されることになりました。やがて始まった国民党軍と共産党軍の内戦で、長春は共産党の八路軍の包囲するところとなり、糧道を絶たれた町は、たちまち飢餓地獄に一変します。家族や周囲の関係者のなかからも餓死するものが続出するに及んで、たまりかねた宅次さんは市当局と掛け合い、二度と市内には戻らないという条件で、ようやく国民党軍の張りめぐらした鉄条網の柵、つまり卡子の外に脱出しました。しかし、そこで宅次さんたちを待ちうけていたのは、案に相違して、さらに想像を絶するようなこの世の地獄でした。地を埋めつくした餓死体。胸をつく腐臭。ここは一定の距離を置いて解放軍＝八路軍の卡子に密封された緩衝地帯、双方の銃口がにらみ合う野ざらしの牢獄だったのです。やがて、一家はようやく九死に一生をえて卡子をあとにします。しかし、ここでの体験は、七歳の少女の心にはてしもなく深い傷あとを残しました。そして三十有余年、「固くガラス化した虚無の空間」に閉じ込めてきた光景を、見えざる者の抗しがたい力につき動かされて、遠藤さんはついに蘇らせてくれた、それがこの『卡子』なのです。

2　研究室にて

同じ年の晩秋の一日、私は東京郊外にあるH大学の物理学研究室に、著者の遠藤さんを訪ねました。宮沢氏の思惑通り、金光教の信徒であったという大久保さんの人となりとその信心に私が心を寄せていることを知って、同じ大学に勤務している宮沢氏の夫人が、遠藤さんに引き合わせてくれる手筈をとってくれたからです。

研究室のドアの前に立ったとき、私は『卡子』そのものの衝撃をどう受け止めていいのか整理もつかないまま、宅次さんのことだけを聞きにやってきた自分の身勝手に、改めて足のすくむ思いがしました。しかし、やがて静かな足音とともに現れた遠藤さんは、全てを承知しているように、美しい笑みをたたえながら私たちを請じ入れてくれました。七歳の少女にしてこの世の地獄をみたあの遠藤さんが、いまここにこうして立っている。そう思っただけで、案の定、私はいうべき言葉を見失ってしまいました。そして、ついに『卡子』については最後まで、感想めいたことは何も語ることができなかった私の心境を、遠藤さんは了解してくれたでしょうか。

遠藤さんが宅次さんについて語ってくれた事柄は、ほぼ『卡子』に書かれてある通りのことでしたが、その言葉の端々に深い愛情をこめて描き出される宅次さんの人間像は、私にとって一層慕わしいものとなっていきました。しかし、やがて『卡子』におけるクライマックスともいうべき一つの場面に話が及んだとき、私はやはり、卡子の問題をすり抜けては、遠藤さんを知ることはもちろん、宅次さんを知ることも不可能だということを、いよいよ思い知らされたのです。その場面というのを、遠藤さん自身の筆で再現してみましょう。


……静けさが震え始めた。さざ波が夜を震わせ、呻きが地上を這い回った。その音は、苦し気に四方から押し寄せてきて共鳴し、やがて大きなうねりとなって、ウワーン、ウワーンと卡子を震わせた。……そのとき、父の体がびくっと動いた。「ぎゃっ!!」。私は父にきつくしがみついた。ふとんの下の死体が動いたのかと思ったのだ。血が逆流した。「よしよし……。救われぬ御霊《みたま》の声じゃ、みんなでお祈りをしよう。さ、いい子だから手を離しなさい。お父さんは、ちょっと行ってこなければならん所がある」。「いやっ！いや……いや……」。声がひきつっていた。……私は父の腕にしがみついたまま、父にくっついていった。

……薄暗がりの向こうに青白い山が見える。地鳴りがしだいに大きくなってくる。言い知れぬ排斥力が、山と私の間の空間を満たした。……そして遂に、山の前で爆発した。

それは――見上げるほどの、死体の山であった。解放区側の照明と月明かりで、死体の一つ一つが鮮やかに浮かびあがっている。薄く開かれたガラスのような目、垂れ下った細い髪、にょっきり突き出ている足、にゅっとのぞいている手首……。その手首が動いた……!。死んだ人の手首が動いた……！。青白い山肌のあちらこちらで、死んでいるはずの死体の手首が、わずかに、動いている……。

……細い糸のように引っぱられていた神経が、プツリと、切れた。恐怖と私をつないでいたものが崩壊し、恐怖心への回路が切断された。そのあとには、白い、大きな空白だけが残った。茫然と立ちつくす私の傍らで、父が神道の御霊を弔う、祈りの詞（金光教で「祖先賛詞」と呼ばれているもの――小澤）をあげている。

…………

幽世《かくりよ》の、見えぬ界《さかい》にましませども
御慈《みいつく》しみの御心は、現世《うつしよ》に変らせ給わず
幸御霊《さきみたま》の、まさきく幸《さき》わい給い
奇《く》し御霊の、奇しびに恵み給いて
終《つい》に現世《うつしよ》の事を終えて、神の御府《みかど》に参らむ時には、必ずしも迎えとり給え

…………

振り絞るような父の叫びが、卡子の夜に響き渡った。生きているか死んでいるかわからないような父の体のどこから出てくるのかと思われるほどの、朗々たる声だった。天には月が冷たく冴え、地には御霊への祈りがおごそかに満ちた。その祈りが呻きのうねりを包み込み、地鳴りを包み込み、死体の山を包み込んだ。「どうか救われてくれ……どうか救われてくれい……」。力尽きた父は、死体の山の前にひざまずいて手をつき、肩を震わせて泣いた。肩まで垂れた父の白髪が月光に光っていた。現世《うつしよ》の事を終え切れず、呻き声を出していた死体たちが動きをとめた。父の祈り

が、その救われぬ魂に届いたのだろうか。

卡子は静けさを取り戻した。

そして、その静けさの中で、間もなく八歳になろうとしている一つの魂が、恐怖心をひきはがされて、虚《うつ》ろに、滅んでいった。

(『卡子』一六四―一六七頁。なお、紙幅の都合で、文章を多少つづめさせていただいた)

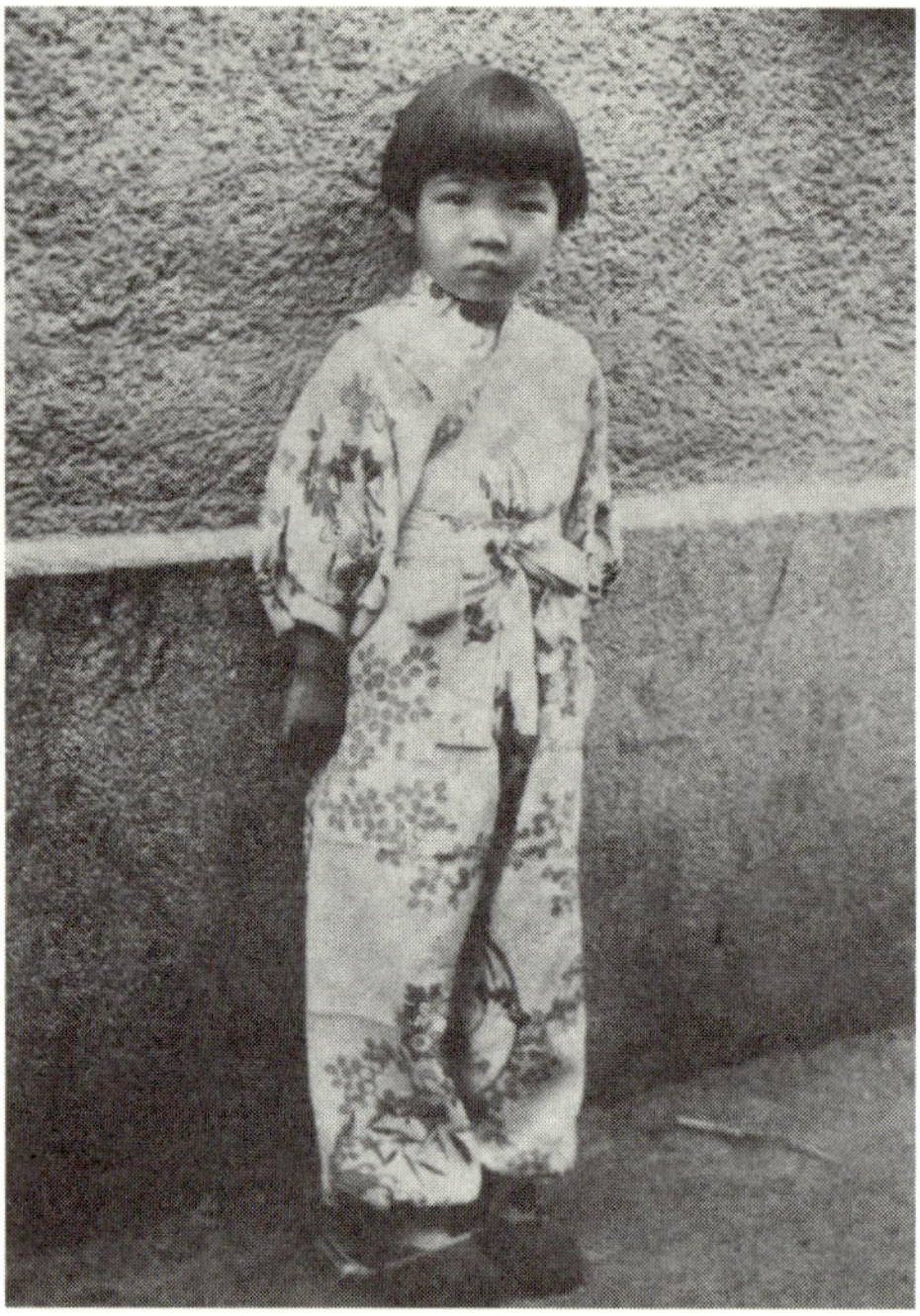
昭和21年秋、満五歳の遠藤誉さん。卡子に入るときもこの服装だったという。

3 「不条理」の意味

研究室を辞してから、落ち葉の舞い散る銀杏並木の道を駅に向って歩きながら、私は改めて、遠藤さんにとっての卡子の意味を考えてみました。私にとっての『卡子』の意味も、結局はそこを手掛りにしていくしかないと思われたからです。
卡子の惨劇、そこにはたしかにわれわれの想像をはるかに絶するものがあります。だが、それならば、ナチスのユダヤ人虐殺はどうか、広島・長崎の原爆の惨禍は、南京の大虐殺は、と考えてみます。もし、そのむごたらしさだけをいうなら、それらを比較するも愚かなことというべきでしょう。しかし、遠藤さんがそれを「不条理」というとき、そこにはいま少しくぐもった響きがあります。それは何か。私は再び、遠藤さんの文章の一節に思いを馳せます。

……解放軍が歓迎したのは技術者だけであった（大久保さん一家が解放軍側の卡子からからくも脱出しえたのもそのためである──小澤）。東北は中国の重要な工業地帯の一つであったから、新中国建設のために、東北の解放区における早急な経済回復が必要とされていたのである。技術者以外の難民をすべて受け入れるには、解放区はあまりに貧乏であったことも確かであろう。しかし少なくとも、食料に関する限り、その困窮の程度は、長春市内のそれとの比ではないし、いわんや卡子内の状況とは比較の対象ですらない。互いに分かち合って、より多くの人が生きていけるようにすることが「解放の精神」であったはずだ。一部特権階級の下で極貧層を救う大命題があったからこそ、人心は毛沢東についたのである。それに人民の命は大切な武力の一つでもあったのではないのか。しかもこの時、技術者、知識人には日本人が多かったから、解放軍は同一民族の同胞を見殺しにしたことになる。それとも、国民党の支配区域に住んでいた長春市民は「人民」の範ちゅうには入らないというのだろうか。毛沢東の包囲作戦自体は、過酷ながらまだしも納得がゆく。だが、その作戦に付随したこの卡子の柵門の開閉ばかりは、あまりに非人道的であるばかりでなく、どの側面から考えてみても説得力を欠く。国民党軍にとってはもとより、解放軍自身にとっても、卞子内の犠牲はまったく無意味だったのではないか。解放軍側のこの行動を正当づけ得る、いかなる理由をも、私は見出すことができない。
少なくとも私の知っている限り、絶望都市長春における、この卞子内の惨状を記述した資料はなく、またその存在さえ世に知られていない。この史実を葬ろうとする意図がどこかにあろうとはもちろん思っていない。が、もし、このまま誰も叫ばなければ、この史実が間違いなく過去の暗闇の中に葬られていってしまうであろうことだけは確かである。もしこの凄惨な事実が歴史から抹殺されてゆくとすれば、ここで息絶えた数知れぬ人々の魂はどこで鎮められ、どこで救われるのであろうか。卞子の餓死者は、延べ十数万以上とも言われている。この史実を伝え得るのは、この卞子を潜った数少ない生存者だけである。

（「不条理のかなた」『こぶしの花』読売新聞社、一九八三年、一一六―一一八頁）

遠藤さんが、長い沈黙を破って卞子の真実を吐き出そうと決意した根本の動機は、そうしなければ、いくら蓋をしても土を被せても「私の自由にならない悪夢の世界」でいつも自分を怯えさせてきたものから、ついに解放されることがないと観念したからにちがいありません。しかし、そうと決意したときにこみ上げてきたであろう積年の思いを、遠藤さんは「怨念」の二字に託して吐き捨てるかわりに、かえって、このように、卞子の真実を構成している不条理の正体を冷徹に見据えることをもってしたのです。
その正体が何であるかは、「解放軍側のこの行動を正当づけ得る、いかなる理由をも、私は見出すことができない」という彼女の言葉が、何よりも明白に物語っています。つまり、無辜の人民を大量に餓死にいたらしめたという事柄自体もさることながら、それがほかならぬ「解放軍」によってもたらされたという事実の方に、彼女はより執着すべき不条理をみているのです。

こうした事実は、かつて魯迅、毛沢東、ジャック・ベルデン、エドガー・スノウ、アグネス・スメドレー、竹内好等々の著作に親しんで「革命中国」のイメージを育み、そこにアジアにおける民族解放運動の原点をみようとしたことのある私にとっても、十分に衝撃的なものでした。まして、中国に生まれ育ち、一度は毛沢東思想の洗礼を受け、その国土と民族に絶ちがたいきずなを結んだ遠藤さんにとって、この卡子の一点だけは、その故にこそ、何としても納得のいかないもの、問い詰めずにはいられないものであったにちがいありません。もっとも、政治の世界に力とイデオロギー以外のいかなる理想も認めないある種のリアリストたちの目には、ナチスや日本の軍隊と中国の革命軍を区別して捉える発想自体が、ナンセンスの極みと映ることでしょう。しかし、少なくともこの時期の毛沢東とその軍隊には、卡子を最大の汚点として問責されるだけの資格があった、という考えを、私は捨て去ることができません。

だが、遠藤さんにとっては、それよりもさらにさし迫った問題がありました。それは、あれだけの犠牲者を出しながら、「この卡子内の惨状を記述した資料」が皆無にひとしく、「その存在さえ世に知られていない」という恐るべき事実です。「このまま誰も叫ばなければ、この史実が間違いなく過去の暗闇の中に葬られていってしまう」。不条理といえばこれにまさる不条理はない。そこに、アウシュビッツや、広島・長崎や、南京や、その他の史実に残る数々の悲劇とは、まだ一つに語ることのできない卡子に固有の不条理があったのです。遠藤さんは「この史実を葬ろうとする意図がどこかにあろうとはもちろん思っていない」といっています。しかし、この言葉は彼女の願いであり、また意図して葬ろうとするものへのプロテストとして聞かれるべきでしょう。しかも、直接の体験者にとって、卡子が思い起すだにいまわしく、ただ記憶のページからむしり取るほかにすべもないものであるとしたら、一体誰が、この事実を語り継ぐのか。遠藤さんは、まさにこの内なる声に揺り動かされて、渾身の力をこめて、「抹殺する歴史」の不条理に立ち向ったのだと思います。

ところで、そのようにして卡子の真実を吐き出し、不条理の正体に迫った遠藤さんが、その彼方に見出したものは何だったのでしょうか。彼女は、『卡子』の最後の章「卡子、再び」のなかで、長春が何事もなかったように解放軍の手に落ちたいきさつにふれたあと、何千年に及ぶ中国の壮大な歴史のドラマに思いを馳せ、「命をはぐくみ、命をのみこむ、あの無気味な生き物のような大地には、とてつもない寛容さと、とてつもない厳しさとがあった。おおまかでルーズでいながら、巨大な残酷さを平気で演じてみせる。そこにこそ卡子があった。あれは不条理ではなく、それこそ大地の条理だったのではないだろうか」（二五九—二六〇頁）と述べています。しかし、そのすぐあとで、「この出口のない大地の中で、モザイクの組み合わせと散乱という無限循環をくり返しながら、私は果てていくのだろうか」（二六一頁）と彼女がいうとき、「大地の条理」なる言葉は、いまだ、彼女自身を納得させてはいないもののように思われました。それはたとえば、漱石の「則天去私」にも似て、はてしない旅路の途中で、ふと洩らしたため息のようなものではなかったでしょうか。もっとも、読者によっては、そこに宗教的悟達の境地をみる人もいるようであり、実のところは遠藤さん自身に尋ねてみるほかはありません。

——気がつけば、最寄りのK駅は目の前にありました。折しも、夕闇の迫る駅頭に、勤め帰りの人たちの黒いかたまりが吐き出されてくるのがみえました。そのとき遠藤さんの言葉がまた脳裏を横切っていきました。「私たちがこうして社会で生きているということ自体、ある意味ではチャーズの中に入っているのと同じようなものではないのだろうか」(『卡子』あとがき、二六四頁)。

家路に急ぐ人々の群れを茫然と見送る私の耳元で、今度は別の声が聞こえてきました。「幽世《かくりよ》の、見えぬ界《さかい》にましませども、御慈《みいつく》しみの御心は、現世《うつしよ》に変らせ給わず……」。

4　もう一つのメッセージ

勤務地の富山に帰ってから、私は、遠藤さんから別れ際にいただいた『卡子』の書評やインタヴュー記事などのコピーに目を通しました。それまで、全く自己流の読み方をしてきた私にとって、人がどのようにそれを受け止めているかは、興味ある問題でした。そして、大方の批評は、ほぼ私の予想した通りのものでしたが、そこには一つだけ気になる点がありました。それは、金光教関係のものを除くと、大久保宅次さんの信心またはその人格にふれたものがまったく見当らなかったことです。その点を重視するのは、私が金光教に特別の関心を寄せていることとは、この際、直接には関係していません。むしろ、それが理解の妨げになるのなら、金光教のことも信心のことさえも、差しあたっては無視されていいのです。ただ、その人となり――それはまさにあの卡子の極限状況における「祈り」の姿に凝縮されている――には、遠藤さんとはまた別趣の深いメッセージがこめられており、それが遠藤さんのメッセージとどこでどのように折り合うのかは容易ならざる問題であるにしても、その点を見逃しては『卡子』の半面をみたことにしかならない、と私には思えたからです。

一方、金光教関係者の反応(といっても、数種類ある批評の筆者はみな同一人なので、当然これをもってその全体を推し量ることはできない)にも、私にはややひっかかるものがありました。これには相当、私の偏見があるやも知れぬので、一応参照の便宜に、その典拠を明らかにしておきますが、筆者は金光教日本橋教会長、同関東ペンクラブ委員長の畑愷《やすし》さんで、題名と掲載の紙誌名は、「卡子を読んで」（『金光教徒新聞』一九八四年一〇月一日号）、「極限状況での信心」（『関東ペンクラブニュース』一九八四年一〇月一日号）、「卡子のこと」（『金光グラフ』一九八四年一〇月号、これは遠藤さんとの対談）、「『卡子』と出会って」（これは表紙のコピーがないが、多分日本橋教会の会報のたぐいと推測される）などです。

畑さんの文章は、どれも内容的には重なり合っており、要は、『卡子』の概略を語り、著者の父親が「金光教の熱心なご信者」であったことを告げ、宅次さんが卡子の累々たる屍の前で満身の祈りをこめて「祖先賛詞」を奉唱する様子に「全く敬服」し、無信仰者を称える著者にも親の信心の徳がそそぎこまれていることを認めずにはいられない、といったものです。ある意味では極めて宗教者らしいまともなまとめ方で、ひっかかるところなどまるでない。そこにかえって私のひっかかりがあるのですが、それを一言でいうなら、宅次さんが「本教の信者」であったということを、そんなにすんなり得心してしまっていいのだろうか、ということでした。たとえば、同じ状況のなかに、その他多数の「本教の信者」の姿を置いてみます。もちろん、自分自身の姿もそのなかにあるものとして。あるいは、当時の教団の、国家や信徒たちに対する姿勢といったものも、そこに置いてみます。そのとき、自分が何をなしえ、教団が何をなしえたかを考えるなら、われわれは打ちのめされることなくして大久保さんの前に立つことができるでしょうか。そのかぎりで、「本教であること」は、教団にとっても信者にとっても、何らの保証を与えるものではありません。宅次さんをひとたび自らに対する否定の契機とすることなしに、彼のメッセージはついに、「本教の信者」にも届かないのではないか、というのが、その時点での私の偽らざる感想なのでした。

しかし、他人への批評というものは結局、それに名を借りた自己表白、自己確認の手段にほかなりません。宅次さんのメッセージをどう受けとめるかという問題は、いよいよ私自身に重くのしかかってきました。ただ、その場合、遠藤さんにとっての卞子が、いわば以後の人生を決定づける原体験の場であったとすれば、宅次さんにとってのそれは、まさに、それまでの長い人生ですでに培ってきたもの（とりわけ彼にとってはその信心）が、最も酷薄な形でためされた場であったといえます。その意味で私は、卞子にいたるまでの宅次さんについて、もっと多くのことを知りたいと思いました。そして、少なくともその手掛りの一つとも思われるものを、私はほかならぬ畑さんの記述のなかに見出したのです。

すなわち、彼によれば、一九五五年四月に金光教教学研究所で行なわれた「昭和九年十年事件」当時の信奉者の動向を聴取する会合に出席した信徒のなかに、大久保宅次さんの名があるというのです。この全教団を揺るがした大事件については後述する通りですが（本書Ⅳ「民衆宗教における『近代』の相剋」一四七―一五六頁）、この会に宅次さんが招かれているということは、彼がその中心人物の一人であったことを意味しています。しかも、そのときの記録が研究所に残されているかも知れないのです。私は思わずこみ上げてくる興奮を抑えることができませんでした。そして研究所行きの機会を待つこと一年、翌八五年の一一月中旬に、ようやくその念願が叶ったのです。

5　研究史の立場から

金光教教学研究所は、岡山県浅口市金光町の教団本部近くの山すそにありますが、折から京都で開かれた研究会への参加を兼ねて、岡山まで足をのばすことを思い立った私は、早速、研究所の佐藤光俊さんに電話を入れて、訪問の意図を告げました。佐藤さんは、大正期から戦後にかけて教団の優れた指導者として活躍した高橋正雄や宿老佐藤範雄の研究に打ちこんできた篤学の士で、惜しいことに二〇一二年、教務総長の要職を最後に亡くなっていますが、そのときは、突然の申し出を快く了解し、心当りの資料を出しておくとのことでした。

ところで、これまでは卡子の問題を終始一個の人間としてどう受けとめるか、という角度からたどってきましたが、ここで宅次さんの信心について掘り下げていこうとする以上、そして、それが私の研究分野にもかかわりをもつものであるかぎり、一個の研究者の立場でこれをどう受けとめているか、という点についてもふれておかなければなりません。そこで、岡山行きのことに話題を移す前に、研究史の上からみた私の問題意識の一端を、あらかじめ明らかにしておくことにします。……とまぁ、元の本にはそう書いたのですが、戦争やテロといった差し迫った現実の問題にとてもきちんと向き合っているとは思えない今の学会的な学問の在り方に失望して以来、私が唯一ともに考え、ともに議論したいと願ってきた若者たち、近所のおじさんやおばさん、お爺さんやお婆さんには、余計な講釈は不要だと思うので、ここはどうか迷わず読み飛ばしてください。ただ、一般の読者のことを、そのように決めつけてしまうと、それはそれで差別の裏返しになってしまうし、私の問題意識の一端を知っていただく資料としてはまぁあってもいいかと思いますので、一応ご参考までに残しておくことにします。

ということでその研究史ですが、ここで研究史という場合は、いわゆる近代の民衆宗教史研究のそれを指すことになります。まず、従来の研究動向にみられる特徴の一つに、概して国家権力に対する自立性や異端性の強い宗教に多くの関心が寄せられてきた点が挙げられます。それは、この分野の開拓者たちが、日本の近代化過程で民衆がはたした独自の役割を明らかにするという特定の目的意識から対象に接近していった必然的な結果ですが、そのような動機のなかにこそ、従来の宗教史一般とは区別されるこの新しい学問の特色と、魅力とがあったのだともいえます。しかし、こうした視野に立つ以上、ひとたびその宗教が持前の独自性を失うや、たちまち関心の外に置かれてしまうのもまた、当然のことでした。そして事実、天理教や金光教など、いわゆる教派神道に組みこまれていったものについては、もはや歴史的使命を終えたものとして、以後の問題をみようとせず、あとは大本、天理ほんみち、ひとのみちなど、国家による激しい宗教弾圧に見舞われた異端的教団の足跡のみを追うというのが、これまでの研究史の大筋の流れではなかったかと思われます。

　金光教教祖の豊かな宗教性とその開明思想に心ひかれてこの分野に迷い込んだ私も、その当初は、教祖以後、とりわけ一九〇〇年の別派独立を境に、金光教は急速に「合理性・開明性の放棄、天皇崇拝と国家主義への屈服、呪術的＝現世利益的性格の強化」の方向に進み、その他の諸宗教も、明治以後は「ひとしく資本主義社会における宗教の反動的本質を、余すところなく露呈する結果となった」(1)というこの道の開拓者の評価を至当のものとして、以後の歩みに目を閉ざしていた時期がありました。しかし、その後しだいに私は、このような評価に少なからぬ疑問を抱くようになりました。というのは、そもそも信徒の存在なくして教団の存立はありえないはずですが、その場合、教団の関心事と信徒の関心事はいつも一致しているとは限らないからです。まして、教団の「国家主義への屈服」が、別派独立のための代価であったとすれば、少なくともそれをもってただちに信徒たちの動向までは推し量ることができないのではないか、と考えたからです。

（1）村上重良『近代民衆宗教史の研究』増訂版、法蔵館、一九五八年、一八八―一八九頁。

そうした観点から、独立以後の教団史をひもといていくと、はたして、私は数々の意想外の事実にでくわしました。いまはその一々について詳しく述べているいとまはありませんが、たとえば、大正デモクラシーを背景とする時代状況のなかで、主として教団の青年会に拠った若手の指導者層のなかから信仰復活を内的契機とする教団革新運動が起り、それが、教団首脳の「国体護持」の運動とは鮮やかな対照をなす独自のデモクラシー運動に成長をとげていった事実があります（本書Ⅳ「民衆宗教における『近代』の相剋」一三四―一四七頁参照）。あるいは、昭和のファシズムの嵐が吹き荒れるなか、管長の専決体制に信仰の危機をみた多くの布教師や信徒たちが、教団の民主化を求めて立ち上り、ついに管長の退陣以外の要求をすべてかちとるという未曾有の大運動を展開した事実があります（これがいわゆる「昭和九年十年事件」または「教団自覚運動」と呼ばれているもので、大久保さんが信徒代表の一人として活躍したのも、まさにこのときでした）。また、宗教に対する国家統制がその極に達する日中戦争以後の状況下で、戦争協力を謳う教団幹部や布教師たちの発言のなかに、戦争批判と覚しき良心の声が紛れている事実も垣間みられます。

もちろん、こうした事例を列挙したところで、教団が公的たてまえとして取りつづけてきた国家神道の別働隊としての足跡が消えるわけではないし、これらの運動を誘発した教団内部の矛盾や、運動自体の限界のなかにも、公的たてまえの重圧が大きな影を落していることを、見逃すべきではありません。しかし、そのゆえにこそ、別派独立による国家への「屈服」は、少なくとも教団の人たちにとっては、単なる客観的事実としてではなく、拭い消すことのできない自己の汚点として、精神的痛みとして刻印されたはずです。

このことは、教団の戦後の歩みのなかからも容易に読みとることができます。たとえば、一九四九年、一教会長の参院選への出馬表明を機に、いちはやく教団としての政党政治への不干与の原則が確認され、翌年、この原則に違背した事実が明るみに出るや、教団の最高首脳部たる内局がその責めを負って総辞職するという事態が発生します。こうした厳しい政教分離の姿勢は、そもそも教祖自身の態度に淵源するものであり、それを裏切りつづけてきた戦前の政教一致（というよりは政への教の従属）体制への深刻な反省なしには、このような姿勢は取りえないものであったといえるでしょう。

ちなみに、この一件を私に教えてくれたのは、教学研究所紀要『金光教学』第一三号所載の藤井記念雄の論文「戦後教団の動向と諸問題」ですが、この論文自体はむしろ、国家原理を無批判に受容してきた戦前の教団の体質が、そのまま戦後に持ち越されている点に、痛切な批判を加えようとしたものであり、その政教分離の方針にも、一歩を誤ると社会の現実に対する消極的姿勢に転じかねない陥穽のあることを鋭く指摘しています。しかし、こうした厳しい内部批判そのものが、教団史の水面下に流れている「痛覚」の存在を、自ら証しするものであるともみられるでしょう。そして、藤井の指摘を待つまでもなく、教団本部は一九六九年から、金光教の信心の立場からする政治・社会問題への独自のアプローチを求めて、「政治・社会問題等に関する研究会」を組織し、靖国神社問題、安保問題、公害問題等々に関する討論を重ね、とくにその第八回と第九回の研究会では「国家権力と本教」のテーマのもとに、戦前からの教団の歩みをめぐって活発な議論をたたかわせています。こうしたこころみは、管見の及ぶかぎり、他に多くの類例がありません（なお、この記録は逐次刊行されて、公の議論に供されることになった）。

これを要するに、教祖以後の金光教の国家への「屈服」の歴史は、まさにそのゆえの「痛み」の歴史であり、その痛みを分かち、そこから学ぶ姿勢をともにすることなくして、「屈服」の事実のみをいい放つことは、研究者の倣岸というものではないか、というのがそのときの私の身に沁みて感じさせられたことだったのです。その後間もなく、私はこのような教派神道体制下の金光教の「苦悩」の実態とその意義を明らかにすべく、とりあえずそれを一編の論文にしたためて一応の目的をはたしました（本書Ⅳ「民衆宗教における『近代』の相剋」がそれ）。

しかし、そのうちに私は、こうしたこころみが依然として大きな問題を残していることに気付き始めました。つまり、教派神道以後に対する研究史の無視ないし軽視の傾向が、その動機の正当性のいかんによらず、主として社会的機能の点からのみ宗教を捉えること（それは異端的宗教や宗教の異端的性格への関心の集中とも因果をなす）の一面性に根ざしていたとすれば、宗教理解の本質にかかわるこの点を問い直すことこそが、何よりの課題だったはずなのです。その点で、私がみようとしてきたものは、「デモクラシー」といい「戦争批判」というも、結局は金光教の社会的機能の側面であることに変りはなく、たかだか視線を教団以下の布教師や信徒層のレベルに下げることによって、その評価をいくらか時間的に引き延ばしたにすぎなかったのです。

むろん、その場合、視線を引き下げたこと自体が誤りだったのではなく、そこでせっかく信徒層に固有のインタレストという着想に導かれながら、そこを掘り下げていかなかった点に、私の誤りがあったというべきでしょう。確かに、宗教といえども、一個の社会的存在であるかぎり、社会的機能の面から評価されることは拒みえません。しかし、宗教が、何よりも個々人の内面的救済の願望に成立の機縁をもち、それに応えていくことが宗教本来の機能であるとすれば、一宗教の真価は、まずもってその点でこそ問われるべきではないのか。たとえば、「国家主義に屈服」した教団の一信徒が、その宗教の信心によって真に魂の慰めが得られたとしても、それははたして取るに足らぬことなのか。

こうした問いにどこか無理があることは、自分でも気付いてはいます。宗教における社会的機能と信仰的機能は、どこかで切り結ぶ点があるからこそ、それは「痛覚」を伴うものともなるのでしょう。しかし、この無理な問いをあえて問うていくことによってしか、その地点はみえてきません。一編の論文を書き終えて、結局、私が得たものといえば、この山のように大きな問題でしかなかったのです。そして『卡子』を通しての大久保さんとの邂逅は、まさにこのような問題を掘り下げていくうえでも、またとない素材をあたえてくれたのでした。

6　待ちうけていたもの

吉備路といえば、明るい、しかし眩しいというほどではない暖かな陽光を想い出させてくれます。それは、これまで訪れたときがいつもそうであったからでもありますが、教祖金光大神の、自己には厳しいが、人には限りなく優しい穏やかな人柄が、その風土の印象と一つに溶け合っているせいかもしれません。しかし、その日の吉備路はいつになく鈍色の雲が低くたれこめ、山陽線の金光駅に降り立ったときには、思わずコートの襟を立てるほどの寒風が、あたりの木の葉を舞い散らしていました。

研究所は、金光の町並みを見はるかす小高い山の中腹にあります。いつもの坂をいつものように登りつめると、一九三〇年に建てられたという研究所の瀟洒なたたずまいが、いつものように私を迎えてくれました。ストーブの火があかあかと燃えさかる応接室では、所長の福嶋義次さん、佐藤光俊さん、上坂隆雄さんらが、私を待ち受けていました。福嶋さんとは、一八年前、修士論文執筆の際お世話になって以来の久々の対面でした。

机の上に山と積まれた資料をみたとき、大久保さんに関するものがこんなにあるのかと肝を潰しましたが、その大半は、戦時期の大陸布教に関するもので、いずれは布教史の大きな流れのなかにそれを位置づけてみようと思っていた私には、心憎いばかりの配慮でした。無論、かぎられた時間のなかで私が目にすることのできたのは、大陸布教に携わった人たちの証言類のごく一部にすぎません。しかし、布教の現場の模様を活写したそれらの証言は、断片的にせよ、教団の布教史をその内面から照射したものとして、示唆するところが少なくありませんでした。私の手元には、ほかにも、金光図書館長（当時）の竹部教雄さんから送られてきた興味深い証言資料があるので、ここではまず、それらの資料のいくつかを紹介し、そのうえで、大久保さんの歩みの方に話を移していくことにします。なお、これらの証言が、教団史のなかでもつ意味と意義を考えるために、あらかじめ十五年戦争下の教団の歩みを概観しておくと、後述の、教団を未曽有の危機に追い込んだ「昭和九年十年事件」（本書第二部Ⅳ「民衆宗教における『近代』の相剋」一四七―一五六頁）は、「教団自覚運動」の別名が示すごとく、本質的には「難儀な氏子」の助け一条という教祖の信仰的原点への覚醒に教団の再生をかけたものであり、その限りでは、必ずしも国家的原理に包摂されない独自の運動に発展していく契機を、そのうちに含んだものであったとみられます。しかし、第二次大本教事件をはじめ、国家の宗教団体に対する弾圧や統制が一段と強化されるなかで、教団首脳は、明治期から伝統化されてきた「信忠一本」のイデオロギーにこれを取り込み、その内容をしだいに「国家への御用」の方向に歪曲させていきました。そして、日中戦争以後は、「国民精神総動員」など、次々と打ち出される国家の政策を忠実に実践し、その「報国会」の活動のごときは、他教の範として当局者の称賛を博するまでにいたります。こうした状況のもとで展開された大陸方面への積極的な慰問活動や「対支文化・施療事業」なども、客観的にはまさに、国家の帝国主義的侵略の「御用」の一端を担うものであったとみなければなりません。しかし、それならば、以下の証言から、われわれは何を汲み取るべきなのでしょうか。

七　信と忠のはざまで

《証言1》

九年十年事件をへて、教監責任制、財の公明が実現され、ようやく国家の大事に教団として対応できる体制になってきた。「支那事変」が始まると、本教は広島に慰恤部《いじゅつ》を起こし、出征兵士の見送りや、慰問活動などにあたった。昭和十四年、政府の対支文化工作の要請を受けて、教団は、占領地における民衆への「宣撫《せんぶ》工作」（非常に僭越な言葉だが）にあたることになり、それで私ら青年布教師が派遣されることになった。あちらでは「新民会」と称する民間団体に加わり、種々の文化事業に携わったが、その実体は、軍の特務機関と完全に一体化したものであった。

行くについては、高橋（正雄）教監が「向うへ行ってよく研究して、おもむろになすべきことを求めていくがいい。仮になすべきことがないとしたら、道を歩きながら、御祈念をして歩きよってもいいい。何もできなきゃ、それでもかまわん。御祈念をしとるということだけでもかまわん」といってくれた。

（「第一回教団史懇談会」〈記録〉、昭和五一年六月一〇日—一一日、於金光教教学研究所。佐藤博敏の発言より。大意）

この証言のなかでとくに注目されるのは、教監高橋正雄の布教師らに対するはなむけの言葉です。高橋正雄といえば、金光教を代表する信仰の人として、はやくから教団の内外にその名を知られ、

「昭和九年十年事件」の難局にあたっては、ついに推されて教監の要職に就き、以後も教団の舵取りとしての重責を担った人です。したがって、先述の戦時下における教団の歩みにおいて、その盛んな言論執筆活動を通して、信忠一本の立場を強力に推進したのも、彼でした。その人の言としてこれをみたときに、布教師らの壮途を飾るにはあまりに地味な、そして、対支工作という観点からすれば一層消極的ともとれるこの贈る言葉は、一見不可解なものにみえてきます。

これに関連して、研究所の佐藤さんは、内容的にみて公開はできないのだが、と断りつつ、高橋から聴取したテープのなかに、彼が中国の伝統的な美術工芸にいかに深い理解と共感を抱いていたかを示す箇所があることを明かしてくれました。つまり、彼にとっての中国美術は、あたかも柳宗悦における朝鮮の民芸のごとく、それを通して民族の魂に結ばれていく重要な絆だったかもしれないのです。また、これはその後に目にふれたものですが、前掲の「政治・社会問題等に関する研究会」の記録（第六号『国家権力と本教・その1』）によると、彼は「宣撫班」の布教師を送り出した同じ年の一九三九年、中国への視察旅行に出かけていますが、そのとき、現地の特務機関と「殺されても仕方がないくらい」の大げんかをしたということです（同書、三七頁参照）。その内容については詳らかではありませんが、たとえば、彼はそのときの印象を綴った「支那視察の旅より帰りて」という一文のなかで、「これは唯勝ちさえすればよい戦争ではない。大事なことはそのさきにある。これは支那四億の民をして本当の仕合わせをえさせるための戦争である。然らばそれが支那の人に分かるか。現在自分の国を舞台として、家を焼かれたり、土地を荒されたり、人を殺されたりしている。一方の手には剣を執り、一方の手では頭も撫でていかなければならない。これは容易のことではない」（大意）と述べています（『金光教青年』昭和一四年七月号、八―一〇頁）。「仕合わせをえさせる」とか「頭を撫でる」という言葉はいただけませんが、少なくとも「大げんか」の内容は、こうした彼の認識に関わっていたのかもしれません。そして、さきにみた彼の消極姿勢は、このような中国理解ともからみ合っていたのでしょう。

しかし、そうだとすれば、一方における彼の信忠一本の「御用」の精神は、どのように理解すればいいのでしょうか。彼は、その誠実な人柄からして、面従腹背などという器用な芸当のできる人ではありませんでした。だから、彼の時局向きの発言は、無論、教団の責任者として慎重を期していた面はあるにしろ、自己の信念をほぼ忠実に吐露したものであることは疑えません。ただ、そこで特徴的なのは、彼が「聖戦」の遂行を唱え、「新秩序」の建設をいうとき、「拝む」ということ、「祈念する」ということを、その精神的態度として何より重視していたことです。その場合、拝む対象は、むろん「皇祖皇宗の神霊」であったり、「天壌無窮の国体」であったり、わが戦没兵士や傷病兵であったりもするのですが、たとえば対戦国の中国やその民衆もそこから排除されてはいません。これを要するに、対象は何であれ、「拝む」という行為そのものが、彼にとっての唯一の価値だったのです（『拝む国日本』金光教青年会連合本部、一九四〇年、『祈念の生活』金光教徒社、一九四二年、など参照）。したがってまた、彼における国体論も、まさに「拝む国」（それも一つの幻想にはちがいないのですが）にこそ、その精華が求められていたのでした。つまり、その限りで彼は、少なくとも宗教者としての姿勢を、一歩も崩してはいなかったのです。そして、「拝むと云う事は自分の力でできる事ではないですよ。向う様の尊いもの、有難いものがこちらへ入り込んで来て自分の『我』を溶かし、生意気を砕いて頭を下げさして下さるのです」（『新秩序の建設とは』金光教青年会連合本部、一九三九年、四六頁）と彼がいうとき、一見消極的とみえた彼の贈る言葉が、布教者たちにとっては何よりも力強い励ましとなったことが理解されてきます。いずれにせよ私は、このような内容をもつ彼の信忠一本の立場に、当時の教団の「可能性」と問題性のすべてをみる思いがするのですが、その点についてはあとでもう一度ふれたいと思います。

《証言2》

中国ではよく道端で散髪屋をしているひと（キンタオダ）がいる。それが大きな包丁のようなもので髭を剃ってくれる。皮のボロボロの服を着て、汚い靴のブラシみたいなので水をつけて……。私はここでこそ自分の信が問われているのだと思って、その前に座った。なにしろかれらにとっては敵国人だから、そのまま首筋をやられるかも知れない。私は「金光様、金光様」で一生懸命お願いをしながら、かれの包丁に身を任せた。そのうちに何となく心が落着いて、少しぐらい中国語が分かる時だったから、かれに話しかけてみた。すると、周りを取り囲んでいた中国人たちが、この男はいい男である（キンハワー）、心はいいやつだ、といって打ちとけてきてくれた。そうやって、かれらは少しずつ、私に心を開いてくれるようになったのである。その後、あるとき、中国人の爺さんがやってきて、「道端で日本兵に南京豆を売ったら、殴られた」と訴えた。行ってみると、その兵は、「済南より高い値で売りつけたから殴ったのだ」という。そこで私は、このひとたちがその済南からさらに豆を仕入れて商売をしなければならない零細なひとたちであることを説いて、「これだけは理解してもらわなくては困る」といったら、その兵は、謝って金を払ってくれた。しかし、そういう兵隊が、徐州、徐州へと向いつつ、どこでまた乱暴を働いていたやも知れぬ。

（大意）

これも《証言1》と同じ佐藤博敏の回想の一部ですが、ここには、高橋の言にあった「御祈念」をするだけでいいという無作為の姿勢が生み出した一つの結実がみられるでしょう。

《証言3》

かつて戦地にあった時、私たち初年兵は、銃剣術の演習に、敵軍の捕虜を的にして試突のけいこを強いられた。目かくしされた捕虜は、虫のような声を出して、「早くつき殺してくれ」といった。次々に試突がなされた。しかし私は、とうとう最後まで銃剣をとる気がしなかった。最後までこれをこばみ通した。その報復がどのような恐ろしいものであっても、私にはそれはできなかった。そして兵にあるまじきその行ないの返しとして、半日、氷のクリークに身を漬けられて責められたが、クリークを上った時は、半身紫色にむくれ上り、生きた人間の姿でなかった。私は、この道に生かされることなかりせばと、今もこの時のことをふり返る。

（松本清次郎「かわいいと思う心」『金光教報』一九六八年五月一日号、一七頁）

松本清次郎

これは、先述の竹部教雄さんがみつけて送ってくれた資料で、この筆者松本清次郎氏は、布教師の立場ではなく、一兵士の立場での体験にふれられたものですが、同じく、戦時下における信心のありようを活写した一コマとして、胸を打つものがあります。このほか、外地布教に携わった人たちの姿として、朝鮮人差別に義憤を感じ、朝鮮に渡って朝鮮人児童のための学校を営み、戦後も北朝鮮（朝鮮民主主義人民共和国）にとどまって、侵略への贖罪と、日朝友好のために一生を捧げた、元金光教羅津教会長幸田タマの足跡などにも心ひかれるものがありますが（下村倫子『幸田タマの生涯・大き愛・朝鮮に骨を埋めた人』一九八四年参照）、これについては本書第一部Ⅲ「戦時下の金光教」（九七―一二〇頁）でやや詳しく取り上げています。

むろん、これだけの証言から、教団史の全体をみるのは、無謀というものです。とりわけ、第三の証言にみられるケースは、事実の問題としては、ほとんど希有に近いものというべきでしょう。しかし、それだけに、どうしてこのような信心が可能になったのか、ということが、逆に問われてきます。そうした観点から、これらの証言を読み返してみるなら、高橋、佐藤、松本の三者は、それぞれの立場を異にし、はたらきを異にしながら、少なくとも、信心によって生き、生かされているという一点においては、一つの糸で結ばれていることがみえてくるはずです。そして、その糸をたぐり寄せていくと、必ずやわれわれは、「昭和九年十年事件」における「教団自覚運動」の試練をそこに見出すでしょう。その意味で、戦時下の教団史は、少なくともその内実においては、必ずしも「教団自覚運動」のコースからの逸脱ではなく、まさにその延長線上に展開されたのだ、と私は思います。

しかし、そこで問題になるのは、やはり、その信の立場が、忠の立場と結びつけられていたことの意味でしょう。思うに、信忠一本の道は、金光教のみならず、当時のあらゆる宗教が受容していたものであったとみられます。そして、信と忠とは、本来異質なものであるからこそ、あえて一本といわなければならない理由もあったのでしょう。ただ、そのゆえに、そこには、忠を尽すことこそ信なのだという理解と、信を尽すことこそが忠なのだという理解の、二通りの道がありえたのではないでしょうか。とすれば、高橋によって具現された戦時下の金光教が、後者の道を歩むものであったことはいうまでもありません。そして、第三の証言における松本の信心が、客観的にはおのずから忠を裏切る結果に導かれているのをみるとき、私は、この二つの理解の間にある差異が、決して小さなものではなかったことを、認めずにはいられません。しかし、松本の証言がそれ自体として訴えているのは、やはり、信と忠とは一本たりえないという厳然たる事実です。金光教における信忠一本の道は、まさに一信徒の信の極みにおいて、その誤謬を自ら証したのでした。

8　大久保宅次—その人と信仰（一）

大久保さんの「卡子」にいたる道を理解する一助にもと思って、少し寄り道をするつもりが、かなりの道草になってしまいました。急いで本題に戻らなければなりません。

研究所には、前記畑さんの指摘する聴き取り資料（教団自覚史資料一二「昭和九年十年事件当時の信徒層の動きについて」）のほか、事件当時の大久保さんの足跡を示す数々の一次資料があり、また、研究所の御好意で、彼自身の手記を載せた雑誌のコピーなどもいただくことができました。こちらの方も時間の制約から、目を通したのはその一部にすぎませんが、「不条理のかなた」、『卡子』の記述や、遠藤さん自身からうかがった話なども併せて参照しながら、以下、大久保さんの歩んだ道を簡単にたどってみたいと思います。

大久保宅次さんは、一八九〇（明治二三）年、福岡県嘉穂郡内野村で、農家の一二人兄弟の末子として生まれました。子沢山の農家にしては珍しく、近くの嘉穂中学に行かせてもらっていますが、卒業後は一時、大阪の菓子問屋で奉公していたといいます。その後、大分に出て米問屋を始め、米相場にも手を出して、一〇代ですでに巨万の財をなす一廉の事業家となりました。遠藤さんの談によれば、大久保さんの母親が金光教の熱心な信者だった関係で、以前からいくらか信仰の道に導かれていたらしいのですが、それほど積極的というわけではなかったといいます。それが、どのような動機からか、明治の末年、二〇歳のころ、金光教大分教会の門をたたき、教会長の八坂雄八師から教えを受けて入信し、二八歳で教徒の列に加えられています。察するに、巨万の富を築いたとはいえ、折からの大戦で景気の変動の著しい業界に生きていく不安が、彼をその道に走らせたのかも知れません。

大久保宅次

彼は、その手記のなかで「当時の私の信心は俗に言う玉串総代の域でありました」（「恩師八坂雄八親先生の御信心をしのんで」『やどりぎ』三一・三二合併号、大分教会、一九七三年一二月、三二頁。なお、以下「昭和九年十年事件」のころまでの足跡については、この手記に負うところが少なくない）と述べていますが、なまじ経済的に恵まれていただけ、いわゆる尽し運びによってしか信心の徳を表すことのできない自分に焦慮しているさまが、目に浮かぶようです。教祖の教えのなかには「お供え物とおかげは、つきものではないぞ」（「金光教祖御理解」33、「金光大神御理解集」第Ⅲ類、以下出典はいずれも一九八三年版『金光教教典』による）というのがありますが、八坂師も、その点を最も厳しく彼に教え論したようです。このころの彼の恩師に対する回想も、ほとんどが、この点にまつわるエピソードで満たされています。そして、その都度、真の信心の何たるかを身をもって示してくれた八坂師に、彼はあふれるばかりの感謝の念を捧げています。その意味で、彼の生涯は、まさにこの師との出会いから始まったのだ、ともいえるでしょう。

こうして迎えた一九二五（大正一四）年、彼は三五歳にしてついに実業界からの引退を決意し、「信心の出直し」をはかります。彼によれば、米価の下落や不景気のせいで経営に行き詰まりを来したからだといいますが、その間の事情を、遠藤さんは次のようにみています。「米穀売買取引はうまく読みさえすれば面白いほど大金が転がりこむ。が、それを少しも面白いとは思わない心が、いつしか頭をもたげ始めていた。その心は、米価の暴騰で生活苦に喘ぐ人たちを見たときに、ある決心に変わっていった。自分の懐に大金が転がり込んでくるその陰には、富を吸い取られて苦しむ人がいる。自分は彼等の血と肉を吸い取って肥えているというのであろうか。そのことに心を奪われているうちに、相場を読む目に狂いが出はじめた。これを潮時と見た父は米蔵の戸を開き、手中にある米を一粒残らず放り出してしまった。そして、すべての私財を捨てて、信仰の道に入ってしまったのである」（『卆子』二三頁）。彼女はあとにつづけて、それは「米騒動の直前であった」と述べていますが、騒動は一九一八年だから、この点は遠藤さんの思い違いであるかも知れません。しかし、その動機については、彼女の見方の方が真実を穿っているようです。

このあと彼は「商売で生かした根性を信心の上におきかえよ」という師の励ましの言葉を胸に、臼杵教会に赴き、そこで約五年間に及ぶ伝道活動に従事しました。手記には、彼の精力的な布教によって、次々に教勢の拡大されていくさまが、神への感謝とともに詳しく記されていますが、ここでは長くなるので割愛します。

臼杵での五年間の修行を終えて、大分の親教会に復帰した彼は、その後、発明家の才を生かして、新たに薬剤の研究に取り組み、やがて、松脂を原料とするモルヒネ中毒の特効薬を開発し、これを「ギフトール」と命名して、日米両国の製法特許をえました。ここで注目すべきは、五年間も伝道活動に従い、しかも相当の成果を収めた場合、普通であればそのまま布教師の道に進み、俗ないい方をすれば、その方面でも名をなす器量の持主であったはずの彼が、なぜかまたしても事業家の道に舞い戻っていることです。これにはもちろん、彼自身の生来の事業好きも手伝っているのでしょうが、そのような資質を自覚したうえで、五年間に積み上げた「人助け」の信心を、今度は事業の上でもう一度生かしてみようというのが、その真意ではなかったかと思われます。いいかえれば、彼の事業はこのときから、もはや米で相場を張っていたときのそれではなく、そのものが価値であり徳であるところの「天職」として担われることとなったのです。

彼の作り出した新薬が、当時、アジアの多くの民衆を苦しめていた麻薬中毒の治療薬であったことは、それを何よりも雄弁に物語っています。ちなみに、教祖には「行は無理によそへ行ってせんでも、わが家でできる」（「金光大神御理解集」第Ⅱ類、青山金右衛門の伝え6）という在家主義があり、また「比方の行は火や水の行ではない。家業の業ぞ」（前掲「金光教祖御理解」39）という観点から、繰り返し家業の重要性を説いています。彼が在俗者として神の御用に仕える決心をしたとき、あるいはこうした教祖の教えが、それを督励していたのかも知れません。このギフトールは、やがてはしなくも、大久保さん一家の運命を大きく左右するものとなるのですが、無論、このときはまだ彼の知る由もないことでした。

こうして、彼の製薬事業がようやく軌道に乗り始めたころ、教団本部では、彼ら信徒たちにとっては思いもかけない事態が進行していました。二代管長金光家邦が、本部広前の取次に専念してきた従兄の金光攝胤に集まる信望を妬んで地方新聞に誹謗記事を書かせたことから、積年の教団内部の矛盾が一気にふき出して、まず、各地の教会長が有志盟約を結び、管長弾劾、教団浄化の運動に立ち上がろうとしていたのです。いわゆる「昭和九年十年事件」の幕開きです。この事件の概略については、あとで述べるので、ここでは大久保さんとのかかわりについてのみ、簡単にふれておくことにします。

手記によると、彼が二代教会長（八坂貫二師）からこの事態を聞き出したのは、有志盟約結成から一カ月足らずの、一九三五（昭和一〇）年三月五日のことでした。それまでは、事件の波及を懼れて、信徒層には真相が明かされていなかったのです。彼は一晩熟考ののち、「三代金光様（攝胤）は信奉者の信仰の生命である。その神業が管長によって踏みにじられるとあれば、有志教会長の運動にのみ委ねておくわけにはゆかない。今こそ百二十万信徒は、総決起して、教団の廓清に立ち上がるときである」との結論に達し、その趣を恩師にはかりました。そのとき師は「主旨は神ながらと信ずる」と答えて、彼を励ましたといいます。この主旨は早速、有志盟約の中央委員会に伝えられ、その賛同をえて、彼はただちに九州地区の信徒団を結成し、推されてその委員長となり、全国的運動の組織化に乗り出しました。そして、大阪、東京などの各地区に相次いで生まれた信徒団との連携をはかりつつ、四月二八日、ついに金光町における全国信徒大会の開催にこぎつけます。大会本部編の「第一回金光教全国信徒大会記録抄」によると、このとき、大久保さんは一一名の大会総務を代表して、閉会の辞を述べています。もって、この運動における彼の客観的位置と、そのはたした役割の大きさをみることができるでしょう。

以後の具体的経過については煩瑣にわたるので省略しますが、彼のこのようなリーダーシップが最後まで遺憾なく発揮されたことはいうまでもありません。しかし、この運動の真の意義が、かちとった具体的要求の成果よりも、その試練を通して、全教団の教師や信徒の一人一人が、より広くより深い信心に目覚めさせられていった点にあるとすれば、大久保さん自身にとっての事件の意義も、その点に求められなければなりません。私がみることをえたわずかな資料からも、この運動のなかで、彼自身が成長していく有様がはっきりと読み取れます。

まず、彼が信徒の総決起を認めるように求めた中央委員会への提訴には、信徒に真相を明かせば運動の阻害になるという上層部の考えを厳しく批判している箇所がありますが、そこには、当初の彼の在俗的信仰者としての相当の自負と気負いがみられます。しかし、やがて彼が全国的運動の組織者に推し上げられ、権力によって保障された管長制度という大きな壁を相手に苦しい戦いを強いられるなかで、しだいに信徒としての固有の立場とその限界が自覚化されていきます。たとえば、同年五月、紀和地方の信徒有志団が、長びく事態にしびれを切らして、単独で管長に退陣を迫るという挙に出ようとしたとき、彼は「新任の高橋教監が善処を約束した以上、今は全幅の信頼を彼に託して、われわれはひたすら祈りに徹しよう」と、その自重を促していますが（昭和一〇年五月一三日付、粛正期成会本部小笠原委員長宛提案書）、そこにも、そうした信徒としての自覚の深化の跡がうかがわれます。

その後、管長辞任の一件だけを残して、高橋はやむなく事態の終息をはかりますが、管長の退陣を究極の目標としてきた信徒団にとって、それは無論、深い失望と怒りを誘うものとなりました。まして、高橋への信を説いて自重を求めてきた大久保の心中は、いかばかりであったかと思われます。しかし、その年の秋の大祭が、念願通り「金光様」（攝胤）の奉仕で執行され、新体制への足がためができはじめたころ、彼は信徒総代あての書簡で、次のように述べています。

管長家邦氏が名のみとするも運動以前の形態にあられる事は、吾等の粛正運動は失敗のまま泣寝入りの姿で終わったとして気を腐らしていたという事は、管長に対する憎悪の感情にこだわりすぎておった感がいたします。……我が教団に泥水あればその井戸替えは、神様に御任せ申上げ、吾等は、粛正運動にて体得せし大みかげを、教監御諭しのままに、御神勤奉仕を信心の中心として、実生活の上に一歩一歩と堅実に生かさして頂きたいものと思ひます。

（昭和一〇年一二月九日付、信第二四号、傍点小澤）

「神様に御任せ」という言葉には、一見いかにも安易なひびきがあります。しかし、それが少なくとも、我欲、我執にとらわれないという意味を含むものであるとすれば、いかにただならぬ大変な事柄であるかは、神を信じない私にも理解はできます。自分は神を信ずる人間としての真を尽し、あとのことは一切「神様に御任せ」するという姿勢は、その後も彼の人生を貫くものとなっていきますが、そうした信心に目覚めさせてくれた点にこそ、彼にとってのこの事件の最大の意義があったのだといえるでしょう。なお、この間の彼には、全国信徒大会の目前に、先妻の死を見取るという辛い試練のあったことも、つけ加えておかなければなりません。

9　大久保宅次―その人と信仰（二）

日中戦争の始まった一九三七（昭和一二）年、大久保さん一家（このとき彼は再婚しており、夫人と、先妻の男子と、夫人との間に生まれた女子との四人家族であった）は、満洲（現在の中国東北地区）に渡りました。「中国大陸にはアヘンやモルヒネ中毒患者が大勢いる。中国に渡ってギフトールを製造すれば多くの人を苦しみから救うことができる」（『卡子』三四頁）と考えたからです。以後の大久保さんの歩みについては『卡子』に詳しく書かれているので、ここでは、その人となりを知るうえで重要と思われる箇所を二、三紹介する程度にとどめておきます。なお、以下の引用は、すべて『卡子』からのものです。

彼は、渡満後間もなく「新京」（現在の長春）に製薬会社（のちの「新京製薬」）を設立し、ギフトール

ギフトールのパッケージ

の生産を始めました。そして、二年後の一九三九（昭和一四）年、中華民国政府がその市販を公認するや、たちまち販路は東南アジアの各地に広がり、「スタート時に、最低限の生活が保障されればとつけた薬の値段を一度も上げたことはなかったが、それでも父の意に反して、いつしか巨万の財が蓄えられてしま」いました（三七頁）。このため、麻薬の需要が減って、秘密組織から命を狙われることもあったようですが、彼は「神様がちゃんと守って下さっておる」といって、とり合わなかったといいます。なお、家永三郎氏も指摘しているように、中国における麻薬の製造・販売には日本人が関与し、日本軍もこれを庇護していたといいますから（家永三郎『太平洋戦争』第二版、岩波書店、一九八六年、二〇六－二〇七頁）、彼を狙ったのは、案外、日本人の組織であったかもしれません。むろん、大久保さんには知る由もないことだったでしょうが。

ところで、その巨万の富が、さまざまな「人助け」に役立てられたであろうことは、想像に難くありませんが、その一部が、戦闘機の献納や、軍需工場の建設の「御用」にも「役立」てられていることを、私は、見逃すことはできません。彼の愚直なまでの「御用」の精神（まさに「信忠一本の道」の体現をそこにみる）に、唯一の瑕疵があったとすれば、それがひとたび国家や権力に向ったとき、あまりに無批判でありすぎたことでしょう。私は、彼が「人助け」にその生涯を捧げんとした人であるだけ、その「無意識の罪」を憎まずにはいられません。そのことを、彼に対する批判のためにではなく、現代に生きるわれわれのための重たい教訓として、あえて書き添えておきたいと思います。

しかし、彼がいったん個々の人間を相手としたとき、その同じ精神がどのように機能したかを、次の例は余すところなく伝えています。

工員が起きてくるのは早くても七時、全員が揃うのは八時すぎである。でも父はそんなことは気にかけなかった。自分が三時起床を励行できる健康体であることを神に感謝し、ギフトールを一錠でも多く造り出すことによって、一人でも多くの人が、人生の破滅から脱れられることを感謝した。工員には日本人もいたが、中国人も朝鮮人も大勢いた。父は全員を平等に扱った。いや、厳密に言うなら、中国人を一番上に置き、次に朝鮮人を、そして一番下に日本人を置いた。中国人を一番上に置いた理由は明らかである。ここが中国だからである。自分は中国を搾取しに来たのではなく、あくまでも、麻薬中毒患者を救うためにお役に立ちたいと思って中国に来たのだと言ってそれを実行した。朝鮮人を次に置いたのは、日本人がいつも朝鮮人を第三国弱小民族として軽蔑し、小バカにするのを嫌ったからである。だから、「バカにされないように、若いうちに学問を身につけなさい」というのが、朝鮮人の工員に対する父の口癖であった。……父は朝鮮人の若い工員たちをみな夜学に通わせた。夕方の五時が近づくと母をせきたてて夕食を作らせ、彼等に食事をさせて朝鮮人学校の夜学へ急がせた。先妻の子である自分の息子と彼等との間にいさかいが起きたりすると、父は必ず息子をいさめ、朝鮮人をかばった。「工員や社員は拝んで使え。彼等がいるからこそ、自分は心にかなった生き方をさせていただける」そう言って、父は彼等に仕えた。

（三一―三二頁）

彼のこのような誠実が、やがて、思いがけない見返りとなって、いく度となく一家の危急を救うことになるのですが、その思いがけない「偶然」に、私は、単なる偶然ではない一つの摂理をみる思いがします。『卡子』には、このほか、大久保さんの人となりを物語る興味深いエピソードがいくつもちりばめられていますが、ここでは、そのいずれもが、根本のところではみな「神さまのおかげによって生かされている」というその信念につながっていることを指摘するにとどめておきます。

かくして、私は再び、私の心を釘付けにしてきた、卡子のあの場面に立ちかえらなければなりません。が、その前に、遠藤さんの筆になる「卡子」の極限状況を、あえて再現しておきましょう。

——その瞬間、私は息をのんだ。目のすぐ下に女性がひとり倒れており、その女性の胸の中で乳呑み児が、なんと、顔を血だらけにしながら、その女性の胸から流れ出ている血を、小さな舌でペロペロなめているのである。さきほどの撃ち合いで撃たれたあの女性にちがいない。……そのとき、上へあげかけた私の視線を釘づけにしたものがあった。それは壁の囲いの隅で、黙々と骨をしゃぶっている、ひとりの男の姿であった。男は倒れた女性に目をグサリと落としたまま、ただひたすらカリカリと音をたてて骨をしゃぶっていた。……ようやく家族のいるふとんの上に戻ると、うしろの方から来る新入りの難民の影が見えた。すると、どうしたことだろう。あちらの地面も、こちらの地面も、もこもこっと黒く盛り上がってきた。今まで横になっていた人たちが立ち上がったのである。手に手に枯れ枝や棒切れなどを持っている。うおーっという獣のような太い声をあげながら、黒い大群はまたたく間に新入りの難民を取り囲んだ。……その一瞬ののち、黒い大群は潮が引くように、すーっともとの位置に戻って行った。まるで何事もなかったかのような静けさの中に、身ぐるみはぎ取られた新入りの難民たちが呆然と立ちつくしていた。……「あんたたち、奪われる話ばっかりしているけどね」、中年女性の向こうから、太い男の声がした。……「いずれあんたたちも、奪う側に回るんだよ。しかもただ奪うだけじゃない。今に、もっといいものが見られるよ」。男は気味悪く、ケッと吐き捨てるように笑い、背中を向けた。もっといいもの……なんという、うすら寒い言葉であろう。あの崩れた壁の囲いの中で骨をしゃぶっていた男の目が頭をよぎった。あの骨は、やはり……。

（一五六―一五九頁）

そしてあの場面。死体の山を前に、振り絞るようにして、御霊を弔う祈りの詞を捧げ、「どうか救われてくれ……」と肩を震わせて泣き伏す大久保さんの姿。

もし私だったら……。もし私だったら、間違いなく、骨をかじり、略奪をする人たちの群れのなかにいたでしょう。救われなければならないのは誰なのか。その思いが、私をはてしなく暗い奈落の底にひきずりこんでいこうとします。そのとき、ようやく私には、大久保さんの「祈り」にこめられていたものが、かすかにみえてくる気がしました。彼は、自分を助けるためには文字通り人をも喰わずにはおれぬ、餓鬼道に陥った人間どものためにこそ、その祈りを捧げてくれていたのではなかったか。われわれが、万死に値する罪を背負いながら、なお、こうして生きることを許されているのは、自らの生死を忘れて、人知れず捧げられてきた、このような誰かの祈り、誰かの涙のおかげだったのではないのかと。

10 旅の終りに

研究所の人々に別れを告げ、私は再び車中の人となりました。外はすっかり夜の帷《とばり》に包まれていました。車窓を次々に横切っていく街の灯をみるともなしにみやりながら、いつしか、私は大久保さんのその後の人生について、思いを馳せていました。もし大久保さんにその事がなかったら、大久保さんの晩年は、いま少し心安らぐものであったにちがいありません。その事とは……。

場面は再び卞子に戻りますが、大久保さん一家は、彼が身につけていた一枚のギフトールの特許証のおかげで、そこから脱出しえたのです。しかし、そのとき、彼が願った日本人全員の脱出は、かなうべくもありませんでした。残された日本人のごうごうたる非難のなかで、彼は地に手をついて許しを乞いました。それだけでも、彼の心は張り裂けんばかりだったでしょう。ところが、ようやく柵門を出んとするとき、一行のなかのM未亡人とその子供たちが八路軍の兵士に呼びとめられ、遺族は技術者ではないからと、解放区入りを拒否されたのです。この人たちは家族同様なのだと、必死に懇願する大久保さんに、八路の容赦のない足蹴りが飛び、そのままでは一家の脱出もままならぬ気配となりました。大久保さんは小刻みに肩をふるわせながら、未亡人の前に深く頭を垂れ、大久保夫人も、手をついて泣きながら許しを乞いました。やがて柵門から遠ざかる大久保さん一家の背に、M家の長女T子の叫びがつきささりました。「裏切り者ーっ!」。

その後、大久保さんはいつもT子の消息を気遣ってばかりいたといいます。そして、その痛恨の思いは、死ぬまで彼の念頭を去ることがありませんでした。遠藤さんはいいます。「父はその命を終えるとき、母の手を取り、このように言った。『母さん、卞子はつらかったのう。M家のご遺族には申し訳ないことをした』。これを聞いて、M家のご遺族を卞子に残してきたことがどれほど父を苦しめ続けてきたかを私は知った。まるで復讐でもするかのように、なりふりかまわず私の筆を走らせるものの一つがそこにある。『……しかし、……この世は……不思議よのう……』。父は最期にそう言ってこの世を去った」(二二二―二二三頁)。

大久保さんの後半生は、さながら殉教者のそれであったように私には思われます。

ところで、私の旅行鞄のなかには、途中まで読みかけの、遠藤さんの『続卡子―失われた時を求めて』（読売新聞社、一九八五年）がありました。卡子を出てから延吉で過した日々までのことを綴ったものです。私は緊張の連続でかなり疲れていましたが、読み残している部分に心ひかれて、再び頁をめくりはじめました。そして、その終章にいたったとき、私は思わず目を見張りました。「不条理の彼方」から『卡子』、『続卡子』と読み進めてきた私は、それまで、誤解をおそれずにいえば、その筆をとる遠藤さんの内面に、実際の遠藤さんの穏やかで美しい面持ちからは想像もできない、人を容易に寄せつけぬ夜叉の形相をみつづけてきました。しかし、それがこの終章にいたって、いつの間にか、うっすらと影を残して、私の視界から消えかかっているのに気付いたからです。「失われた時を求めて」と題するこの終章で、彼女は、延吉時代の生き証人たちとの邂逅を通じて、それまではただ忌まわしい思い出にのみ覆われていた延吉時代が、実は、さまざまな人たちの善意に支えられたものであったことを発見し、その驚きを次のように記しています。

何という事だ。あの忌み嫌った延吉が私の命であったとは。私はある意味では愕然とした。そしてその一方では逃れることができなかったはずの暗闇から解き放たれた。何とすばらしい敗北ではないか。……なぜ今まで私にはこれが見えなかったのだろう。人は〝生きる〟のではなく、〝生かされている〟のかもしれない。……人は何かの力によって生かされているのに違いない。

（『続卡子』二二五頁）

また、その「あとがき」にいいます。

……私も、あんな中をくぐり抜けながら、いま生きている。〝生きのびる〟という事実には、人智では計り知れないほどの、いろいろの偶然が積み重なっている。私はこの事実に深いおそれの思いを抱かずにはいられません。

（二三六頁）

これこそ、まさに、あの大久保さんが到達した境地そのものではないか。たとえ、神を信ずると否との立場のちがいはあるにしろ。しかも、遠藤さんは、卡子との格闘を通して、自分自身の道を踏みしめながら、そこにたどり着いたのです。私は、いい知れぬ深い感動が、胸いっぱいに広がっていくのを覚えました。

気がつけば、列車はすでに終着の東京駅に近づきつつありました。私は、身仕度をして立ち上がりました。この旅の終りが、新たな旅の始まりとなることを予感しつつ。

III

戦時下の金光教

一 試される信仰

戦争協力に駆り出された「教祖」

いま、反戦平和を説く宗教教団は少なくありませんが、その本気度を確かめるいい方法があります。それは、その教団が戦前・戦中期に示してきた国家への戦争協力に対し、どれだけ深い反省を加えてきたかを知ることです。戦後に登場してきた教団も沢山ありますが、そうした先輩教団の経てきた歴史的な試練を、他人事のように思うなら、その教団にも未来はないと言っていいでしょう。

金光教が教団として、国家の戦争に示してきた協力姿勢は、日清戦争から第二次世界大戦にいたるまで一貫したものでした。とりわけ一五年戦争下にあっては、一九三四、三五（昭和九―一〇）年の教団粛正運動[1]や四一年の新体制確立運動[2]などの教内矛盾の解決に国家権力の関与を招いた負い目もあってか、以後の国家への忠勤ぶりには、さながら宗教界の模範生のそれを見る趣がありました。おもな年表的事実を拾ってみただけでも、太平洋戦争が始まった四一年には金光教報国会、事変事務局が設立され、四二年には全国一斉戦時地方巡教が行われ、四三年には聖旨《せいし》奉戴《ほうたい》金光教全国大会の開催をはじめ、金光教勤労報国隊の結成、聖旨奉戴必勝生活確立運動の展開、軍用機「金光号」の献納などが相次ぎ、四四年には一億総蹶起《けっき》・国難打開戦時巡教および全教一斉祈念が実施され、四五年の戦争末期には職域国民義勇隊の結成、決戦布教協議会の開催と続き、これに諸種の文書宣伝や海外の宣撫《せんぶ》工作などを加えると、まさに戦時色一色の教団の姿が浮かび上がってきます。

もちろん、これはひとり金光教団に限ったことではなく、当時の教団宗派にして、こうした戦争協力から免れえたものは皆無であったと言ってよいでしょう。したがって、もしその「責任」を問うとすれば、金光教団のそれはいかに重くとも、他の教団宗派の以上でも以下でもなかったと言えます。しかし、宗教団体の場合、そうした一般論に解消するだけで事が済まないのは、その戦争協力が、夫々の教団に固有の信条や教義、教祖の教えなどに照らして正当なものであるか否か、ということが最も切実な問題であり、そこにこそ、良心的な宗教者たちの言い知れぬ苦悩があったからです。

金光教の場合、教団のレベルでは、しばしば次のような形で「教祖」が戦争協力に駆り出されました。

（教祖は）「我身は我身ならず皆神と皇上《かみ》（天皇―小澤）との身とおもい知れよ」と教えられていますが、信心と云い、祈りと云う事が即ちこの「我身は我身ならず」という事でありまして、こんな明瞭な教えがあったのであります。……然《しか》るに今回のこの戦争におきまして、赤紙（召集令状

（1）本書、「Ⅳ 民衆宗教における『近代』の相剋」の3「ファシズム期の金光教」（1）「教団民主化運動の展開」の項（一四七頁～一五六頁）参照。

（2）本書、「Ⅳ 民衆宗教における『近代』の相剋」の3「ファシズム期の金光教」（2）「新体制」の意味の項（一五六頁～一六〇頁）参照。

――小澤）一枚受け取られた方は、そのままの形で、我身は我身でないと云う事がハッキリしたのであります。我身が我身でないから、家も我家ではない。仕事も我仕事ではない。金も我金ではない。それこそ皇国《こうこく》のものである。皇上《かみ》のものである。……生きるという事については、教祖は「日に日に生きるが信心なり」とお教え下さりて居りますが、生きると云う事はどういうことでしょうか。……ローソクは溶《と》けて無くなっても、光となってお役に立てば、それがローソクとして生きたのです。この身体は今木端微塵《こっぱみじん》に飛散って後に何も残らぬけれどもそれで国が栄える、その時が本当に生き切ったのです。大日本帝国と共に生きて行くのであります。

（金光教青年会連合本部『神業』の依って起るところ」一九三九年）

「我身は我身ならず皆神と皇上との身と云々」は、高弟の佐藤範雄が晩年の教祖から聴取したという教えをまとめた「神訓」の中の一節ですが、『金光教教典』に収められている膨大な教祖の教えの中で、天皇に触れたものと言えば、ほかに「伊邪那岐《いざなぎ》・伊邪那美命《いざなみのみこと》も人間、天照大神《あまてらすおおみかみ》も人間であり、その続きの天子様も人間であろう」（理解Ⅱ市村光五郎）といった言及が見られるのみです。しかも、ほとんど対照的とも言えるこの両者の内容を見比べたとき、これは筆者の個人的見解ですが、「我身は……」の方は、とても教祖の言葉をそのまま伝えたものとは思えません。百歩譲って、教祖の言葉であったとしても、このような局面で、このような形で乱用されようとは、教祖も予想だにしなかったのではないでしょうか。まして「日に日に生きるが信心なり」の解釈にいたっては、まさに牽強《けんきょう》付会《ふかい》というほかありません。

いうまでもないことながら、教祖の教えの神髄は、このような片言隻句《へんげんせきく》の中にあったのではありません。なるほど教祖は、戦争や平和の問題に就いてはもちろん、それに関わる国家や社会の在り方についても、直接的には何も触れていません。民衆はそうした問題に関わることができなかった時代ですから。しかし、「世間になんぼうも難儀な氏子あり、取り次ぎ助けてやってくれ。神も助かり、氏子も立ち行き」という「立教神伝」の根本義をつきつめて行けば、少なくとも戦争や争いのない平和な社会の実現こそ、教祖の切なる願いであったことは疑うべくもありません。

むろんその願いを現実のものとしてゆくためには、それにふさわしい方法が見いだされなければならず、それこそはあとに続く者たちがそれぞれの歴史的条件の中で主体的に切り開いていかねばならない課題でした。その点で、明治末期から大正期にかけてのいわゆるデモクラシーの高揚期に、教祖の信心を捉えかえすことによって、独自の立場から国家や社会の問題に関わって行こうとした一部の青年布教師たちの運動(3)は、明らかにそうした可能性を秘めたものでした。しかし、迫りくるファシズムの嵐の前に、それも根付くまでには至らず、全ての課題は戦後に持ち越されることになったのです。

教祖の信仰を生き抜いた人たち

しかし、これはもちろん、教団というトータルな組織体の、しかも公的な立場に即して見たものであって、ひとたび信仰する個々人のレベルで見るなら、そこにはまだ方法化はされずとも、その信心のゆえに、自ずから教祖の悲願を我が身に体現した人たちのあったことも、忘れることはできません。むしろ、金光教において「戦争と平和」の問題が固有の問題たりうるのは、一方でこのように、教祖

(3) 本書Ⅳ「民衆宗教における『近代』の相剋」――一四七頁)参照。
2「大正デモクラシーと金光教」の項(一二八頁～

の教えの中から平和への願いを汲み取り、それを自らの信仰生活の上で証してくれた人たちがいればこそであるとも言えるでしょう。次にその例をいくつか紹介しておきます。

まず、これは、本書Ⅰの二の「戦争とテロの時代を見据えて」のエピグラフで見た高橋正雄の言葉ですが、ここではそのパラグラフの全文に目を通しておきましょう。

> ……そこで時局がいよいよ容易ならぬ事に押進んできて居ると申されるのでありますが、もっと具体的に申しますならば、此の中にも或はおいでかと存じますが、今回の事変に戦死された方がある、その御遺族の方がある、その親類縁者の方、知合いとなりますれば、恐らく誰方《どなた》にいたしましても一人残らずと言ってもよいかも知れませぬが、お知合いの中に戦死なされた方がおありだと思う。他のことは少々辛いからと云って苦しいからといって、又時がたちますればらくになる。……けれども死んだ人はもう帰って来られないのであります。これはもう今更云うまでもございませぬけれども、この位取返しのつかない事はございませぬ。
>
> （金光教青年会連合本部『拝む国日本』一九四〇年。傍点は原著のママ）

高橋正雄

これはもちろん時局を意識して刊行されたものですが、それにしてはいかにもそぐわない内容です。それどころか「この位取返しのつかない事はない」という言葉には、戦争反対などという生な表現はとっていなくても、それ以上に人々の胸を打つ激しい感情のほとばしりを見ることができます。まして、同じ青年会からほぼ同じころに出版された前掲の「『神業』の依って起るところ」の「戦死のすすめ」ともいうべき内容と比べると、その違いはいよいよはっきりしてきます。しかも筆者の高橋正雄が、当時教団の最高幹部である教監の要職にあったことを思えばこの発言のもつ意味は重大です。

高橋といえば、その生涯をかけて、教祖の信心をわがものにしようと格闘し続けた人でした。その高橋が、一九三三年に刊行した『われを救える教祖』の中に次のような一節があります。これも、先述のエピグラフの中ですでに紹介したものですが、いい言葉ですから再度引用しておきます。

国家は一つの特殊な生命でありまして、われわれ国民はその一成員として、どうしても強い内面的関係を持っているのであります。しかし、それにもとらわれることは許されない。そこに生命の尊厳がある。国家に属しておりながら、国家を超えて生きて行かずにおられぬところの願いがある。

この一信仰者としての願いが、教監という公的立場の壁を突き抜けてほとばしり出たとき、さきの「この位取返しのつかない事はない」という痛切な魂の叫びとなったのでしょう。

そのほかにも、たとえば、自分が責任を負っている「大阪の地には、絶対に敵機は来ない」と信者に取り次ぎ、「無知な信者を誑《たぶら》かした」として、マスコミに叩かれた大阪玉水教会長の湯川安太郎が、配慮を求めてやって来た教団幹部に、「氏子が助かるためには国家が助からなければだめだという事がやっと解った」と答えたという話があります（詳しくは本書Ⅳ「民衆宗教における『近代』の相剋」一六〇—一六一頁参照）。氏子の難儀が国家に由来するものであることにようやく気付いた、という事でしょうか。取次一筋に生きてきた人ならではのエピソードです。

また、これもすでにお話したことですが、後に岐阜県の垂水教会長となった松本清次郎が、中国に応召中、上官から敵軍の捕虜を銃剣で突くように命じられ、それを拒んだために、氷の張った川に半日浸けられて九死に一生を得たという話もあります。彼の「この道に生かされることなかりせば」という述懐が示すように、彼はそのときまさに、「人が助かりさえすれば」という教祖の教えに殉じようとしていたのです（本書Ⅱ「戦争と信仰――『卡子』と大久保さん父子のこと」八一頁参照）。

金光教団では、早くから「信忠孝一本の道」というスローガンが掲げられ、それが信仰と国家を繋ぎ合わせる呪文のような役割を果たしてきました。そして、恐らく右の人たちも、此の呪文から決して自由ではありえなかったと思われます。むしろ、信を尽くすことこそ忠孝に至る道であるとさえ考えていたのかもしれません。しかし、彼らはその信の極みにおいて、結果的には却って忠孝を裏切らざるを得ない境地に自らを追い込んでいったのです。むろんその場合、いま少し彼らに国家や社会を客観的に捉える「目」があったなら、という思いがしないでもありません。また、こうした例をいくら列挙したところで、それによって戦前戦中の教団が教祖に対して、信徒に対して、歴史に対して負うべき責任が、それだけ相殺されたり減殺されたりするはずのものでもありません。ただ、金光教における「戦争と平和」の問題を教祖の原点から捉え返していこうとする限り、教祖の信心を身をもって生きようとしたこれらの人たちの足跡を抜きにして、それを語ることはできないでしょう。それによって辛くも身の証を立てるためではありません。そこにこそ、絶えずわれわれの痛覚を呼び覚ましてくれる信仰や思想の原点があるからです。

焦土の中から芽吹くもの

日本の敗戦から二年経った一九四七（昭和二二）年、あたかも教祖大祭の日に開催された「新日本建設金光教全国大会」において、かつて教団の戦争協力を一身に担った高橋正雄は次のように述べました。「私は戦争中、この席より、戦争に勝つために、全教の皆様にいろいろとお願いをいたしました。それがかような結果になって、誠に相すまないことになったのであります。深くお詫び申し上げるほかはございません」。一見負けたから済まないという風にも聞こえますが、数年後の戦没者慰霊祭で、高橋が戦中の『拝む国日本』の中で述べたと同じく、失われた命の取り返しのつかなさに深い懺悔の意を表わしているのを見るとき（金光教本部教庁『戦争関係死没者慰霊祭に当たりて』一九五二年）、その心中に痛恨の思いがあったことだけは疑いありません。もちろん、教団の戦争責任についての反省としては、必ずしも十分なものとはいえませんが、日本基督教団の戦争責任の信仰告白に先立つこと二〇年、教団を代表する責任者の口からいち早くこのような謝罪がなされたことは、注目に値します。

教団では翌一九四八年、教監名をもって「世界平和祈願」の通牒を発しました。その冒頭には、「教祖御立教よりここに九十年、連綿三代にわたる『世界真の平和、総氏子身上安全』の日夜の取次祈念を頂き、立教の真義の実現に参ずることは御神縁につながる私どもの生涯の生きがいであります」と述べられています。それならばなぜ戦前戦中にそれが言えなかったかという気がしないでもありません。しかし、ここで初めて、世界平和が教祖の立教の「真義」であるとの立場が明確にされたことの意義は大きかったといえます。教団では翌四九年から全教を挙げて御取次成就信心生活運動を展開していきますが、そこでも「総氏子身上安全、世界真の平和」の祈りが重要な課題の一つとしてとりこまれ、五一年には広島地区平和大会を開催して、これが後の「金光教平和祈願広島集会」や「平和を考える長崎集会」の嚆矢《こうし》となり、また七〇年からは、前記、御取次成就信心生活運動の一環として、「政治・社会問題に関する研究会」を発足させるなど、金光教独自の立場からする反戦平和への地道な努力が、その後も様々な形で続けられています。ことに、「国家権力と本教」のテーマのもとに、戦前戦後の金光教の国家・社会とのかかわりについて論じられた第八回および第九回の政治・社会問題等に関する研究会の記録（いずれも金光教本部教庁より公刊されている）には、戦前・戦中の教団の戦争協力や、戦後の反省の弱さに対する、教外者にも及ばない呵責の無い批判が見られて、読む者の胸を打つものがあります。こうした自己自身への厳しい内省と結びついた平和運動の在り方から、われわれが学ぶべき事柄は少なくありません。

二 戦火のアジアで

アジア布教の性格

金光教における極東アジア地区への布教は、一教独立の翌年、一九〇一（明治三四）年に斎藤俊三郎《しゅんざぶろう》が着手した台湾布教に始まっています。これは翌一九〇二年、台北教会所の設立となって実を結びますが、以後、一九〇三年には釜山教会所が創設されて朝鮮伝道の嚆矢となり、一九〇八年には松山成三が大連に教会所を開いて旧満州方面の布教の第一歩をしるし、一九一二年には上海に教会所が出来て、大陸中央部への布教の足がかりとなりました。その後は日本帝国主義の版図の拡大に寄り添うように教勢も順調な伸びを示し、敗戦直前の段階では都合八八の教会がこれらの地に存在していました。内訳は、朝鮮が三九、満州（現在の中国東北地区）二六、満州を除く中国本土一一、台湾九、香港一、樺太（現在のサハリン）二、シンガポール一となっていますが、日本の敗戦とともに、これらが一旦消滅してしまうのは、信仰の力が国境を超えて根付くまでには至らなかったからだ、とも言えるでしょう。

こうした金光教のアジア布教の基本的性格について、自身も中国布教を目指して北京大学に留学し、敗戦まで彼地にあった内田守昌（元金光教学院長）は、次のように回顧しています。

それらのうち一、二の例をのぞく他の大部分の教会は、信縁によって結ばれた、その地の在留日本人を、当初からの布教対象として設立もされ、さらに展開もしていったものである。あえていうならば、たまたま布教の地が、国内であるかその国外であるかの地理的な条件の違いでしかない。異国における日本人社会とでもいえるなかでの布教であり、いわば、対象も畳と障子の生活様式を持ち込んだ日本人に、ほとんど限られていたといってもよいものであった。

（「外地布教でのこした足跡」、金光教大阪教会『大阪布教百年』）

なるほど、朝鮮に例を取ってみても、一九一〇年の日韓併合以後、教勢は飛躍的に拡大し、教会数も昭和初年までですでに三〇を超えていますが、一九二四（大正一三）年現在の朝鮮人信徒数は僅かに五三〇人、第二次大戦中の一九四三年に至っても八二三人と、いずれも在朝鮮日本人信徒数の〇・三パーセント前後にとどまっています。そして、台湾や満州、中国本土においても、事情はほぼ同じでした。

もちろん、それが必ずしも教団の方針によるものでなかったことは、次の事実を見ても明らかでしょう。『金光教年表』によれば、台湾では台北教会所で早くから台湾「土語」の講習が行われ、一九一四（大正三）年には『金光聖教』という漢語の教典も刊行されています。朝鮮関係では、一九一一（明治四四）年、京城《けいじょう》教会所で朝鮮人篤信者一一人に教師の予備講習が実施され、翌年には布教興学基本財団が教義講習所に入学した五人の朝鮮人に学費を支給し、一九三六（昭和一一）年には台湾同様、現地朝鮮語訳の教典『金光教信条』が、朝鮮布教管理所から刊行されています。これは後述する幸田タマの教えを受け、ソウル市の西大門教会で、朝鮮人としては数少ない教会長に就任した李元珪《いうおんぎゅ》が編纂したものです（この李元珪については本書二〇四―二〇七頁の「ドラマのような話」の中でも言及している）。皇民化《こうみんか》政策による日本語の強制が行われていた中だということを考えると、一つの見識を示したものとも言えるでしょう。また大陸方面では一九一六（大正五）年、満州の布教に先鞭をつけた松山成三が西崗子《せいこうし》教会所（のちの関東〈かんとん〉教会所）を開設していますが、これは彼の宿願である中国人を直接の対象としたものでした。

このように金光教の外地布教では、相手の文化をそれなりに尊重した現地人への働きかけがあり、中にはそれに専念した布教師のあったことも忘れることができません。しかし、総じていえば、先の比率に見るように、その成果は数的にはやはり微々たるものでした。このことは、よきにつけ悪しきにつけ、そこが植民地ないし半植民地であるということをとくに意識せず、その限りでは人種的・民族的な偏見にもあまりとらわれることなく、内地と同じ布教の形態が踏襲されたことの自然の成り行きだったと見ることができるでしょう。そして、その分だけ、キリスト教の組合教会や浄土真宗の朝鮮伝道のように、総督府と密着して同化政策の最先端を担うような役割からは、いくらか免れていたといえます。

朝鮮に骨を埋めた幸田タマ

もちろん、金光教のアジア布教が、その意味でいかに「無害」であり「無実」であったにしても、帝国主義侵略者たる日本人のそれであるという点で、すでに、それぞれの民族に対して、深い責めを負ったものであることは言うまでもありません。しかし、それゆえに、数ある布教師たちの中には、早くからそのことに気付いて、植民地の人たちへの奉仕に一生を捧げた人のあったことも、ぜひ伝え残しておきたいと思います。もと朝鮮羅津《らしん》教会長幸田タマがその人です。この人については、その孫娘である下村倫子《みちこ》さんが『幸田タマの生涯――大き愛――朝鮮に骨を埋めた人』（一九八四年刊）という本を書かれているので、それによって彼女の足跡を簡単に辿ってみましょう。

幸田タマは、一八八六（明治一九）年、佐賀県浜崎村の蘭方医小林文達・カナヨ夫妻の三女として生まれました。タマは、後述のように、日中戦争の始まった一九三七（昭和一二）年に朝鮮にわたり、日本支配下の朝鮮の人たちへの奉仕にその後半生を捧げ、日本の敗戦＝朝鮮の解放後も彼の地に留まって、そこに骨を埋めた人ですが、戦後二年目に、在岡山の三女サダ子に宛てた手紙の一節で「幼時より思い思いし朝鮮のこと五十年このかたの念願捨て難く……」と書いているように、在日の朝鮮人へのいわれなき差別に胸を痛め、彼らのためにその生涯を捧げようとの思いは、すでに幼時から萌していたもののようです（具体的にはどういう出来事が契機になったのか詳らかではありません）。

小学校を卒業後、師範学校を出て小学校の正教員となり、二四歳の時、教員の幸田梅三郎と結婚、その後も、教員生活を続けていますが、そこで培われた教育者としての経験が、その後の朝鮮の人たちとの絆を深めていく契機の一つになっていったと思われます。

幸田タマ（『大き愛―朝鮮に骨を埋めた人―』下村倫子著、昭和59年刊より）

また、結婚の翌年、彼女は勤務先の教え子の中に献身的に人につくす女子生徒がいて感銘を受け、その家庭が金光教の信心をされていたことから、地元の教会との縁ができ、間もなく入信しています。その後、結婚生活八年余りで夫と死別し、短い結婚生活に終止符が打たれました。「それから後家のがんばりが始まるのです」（下村『大き愛』一五頁）とは、孫の倫子さんの弁です。同年、夫との永訣の悲しみに浸る暇もなく、タマは金光教教義講究所別科に入学、同所卒業後も、金光教宿老佐藤範雄ゆかりの金光教芸備教会で一年足らず修養につとめました。彼女の信仰への身の入れ方には並々ならぬものがありますが、当然のことながら、その信仰は、彼女の教育理念とも深く関連していたはずです。彼女の信仰の特徴などについては、私の理解の及ぶ範囲ではありませんが、彼女の朝鮮の人々への思いや、戦後望郷の念に堪えて彼の地に留まったのも、その信仰と深く関わっていたことは、戦後朝鮮から家族に送られてきた書簡類からもうかがい知ることができます。

芸備教会での修養から帰って、彼女は再び福岡県八幡市の教育現場に復帰しました。下村著『大き愛』によれば、八幡という場所柄、鉄鋼産業に関わる朝鮮人労働者やその家族が、「言葉も分からぬままに、いわれのない差別に泣いているのを見るに見かねて日本語塾を開いた様だ」（二六頁）とあります。幼時からの思いに終に火がついたわけです。こうして、彼女にとっては、昼は小学校、夜は彼らのための夜学塾という生活が始まるのですが、その内、後者の事業に本腰を入れるべく、幸い八幡市長の支援もあって、一九二二（大正一一）年、同市丸山町に、日本人・朝鮮人の区別なく収容する幼稚園を兼ねた学習塾「丸山学院」が創設され、タマの年来の夢が、実現に向けて一歩踏み出したのでした。

幸い、朴慶植編『在日朝鮮人関係資料集成』第二巻（三一書房、一九五七年）に、丸山学院の設立時の資料が採録されていて、その概要を今に知ることができますが、そこでは設立の目的について次のように書かれています。「東洋平和のため併合せられたる正義の国家的大理想を自覚せしめ其の懿徳《いとく》良能《りょうのう》（懿徳＝立派な徳、良能＝生まれながらの優れた能力―小澤）を啓発し大日本国民たる徳器を成就せしむるをもって目的とす」。

今の韓国・朝鮮の人たちが見たら怒髪《どはつ》天を衝くような、また日本人でも良心ある者ならば心痛まざるを得ないようなことばが書き連ねてあります。これが幸田タマの文章なら、その事業がいかに立派なものであっても、私たちはその点の認識の過ちを見逃すわけにはいきません。しかし、朝鮮人への差別を不当なものとする彼女なら、いくら時局柄とはいえ、もう少し違った文章になったのではないか、とも思われます。だからこの部分は、誰か別人の作文だったのかもしれません。私はどちらかといえば別人（たとえば彼女を強力に支援した八幡市長など）の可能性を考えますが、そうだとしても、これをよしとしたなら、その責任はやはり彼女が負うべきでしょう。なぜなら、同時代にあって、当時、日本の朝鮮支配を不当なものと考える日本人も、ごく少数ながらいない訳ではなかったからです。例えば、朝鮮のいわゆる三一独立運動の際、日本の弾圧を激しく非難した民芸運動の創始者柳宗悦のように。あるいはキリスト教の組合教会による朝鮮伝道に反対してやまなかった安中教会牧師柏木義円のように。

その点の評価は暫く措くとして、この「目的」の文章に見られる不遜で自己中心的な国家観に、タマが触れる機会があったことは事実のようです。というのは、彼女の交際範囲の中に、二人の頗る付の右翼・国家主義者がいたからです。その一人は、出生地がたまたま隣村だったこともあって面識ができたという、「愛国婦人会」の創始者奥村五百子《いおこ》で、タマはその後、愛国婦人会の活動にもかかわりを持つようになりました。いま一人は、自由民権運動に身を投じたのち、国家主義に転じ、玄洋社を起こして強硬外交や大陸進出を唱え、在野右翼の巨魁と目されていた頭山満です。頭山の生家も、八幡市在住時の幸田家の近くにあったといいますが、タマを頭山に近づけたのはむしろ奥村の愛国婦人会の活動を通してだったようです。

国家主義以外に、奥村と頭山の二人に共通項があるとしたら、それは、何らかの意味でアジアの開放を目指すいわゆる「アジア主義」者だったことであり、タマに見られる朝鮮人への思いも、一部はそこからくみ上げたものと言ってもいいでしょう。それではその国家主義についてはどうか。私は、そこで彼女をかばい立てするつもりは全くありませんし、その主観においても、彼女は、二人の国家主義に全く異存はなかったのだと思われます。しかしその内実に分け入ってみると、タマと二人の理解の間にはかなりの開きがあったように思われてなりません。

つまり、奥村も頭山も、絶えず国家のためにものを考える、そういう意味での「国家の人」でした。ところがタマの場合、国家はその在り方を考えたり論じたりする対象ではなく、ひたすら忠義を尽くすためのものであり、その忠義とは、彼女にとっては、過酷な運命にさらされた朝鮮の人たちの盾となって、彼らの自立を助けること以外にはなかったのです。それが彼女の国家への忠義だったのです。その意味で彼女は、たとえ国家を口にしても、その思いは絶えず国境も民族も超えて、苦境に晒された人たちの上をさすらう「民衆の人」「人類の人」なのでした。だからこそ、彼女は、日本が戦争に負けても挫折したり、転向したりすることもなく、朝鮮に残る道が選べたのだと思います。そして、それを可能にしたものこそ、彼女の場合、まさに「人が助かることさえできれば」という教祖の言葉に示された、神様への信心そのものだったのではないでしょうか。先述の「信・忠・孝一本」という教団のイデオロギーに照らして言えば、つねに信仰を至上のものとして上に置いていたからこそ、忠孝との亀裂もなく己を貫きえた稀有な例だったといえるでしょう。もちろん、それをどう評価するかは人によって異なるでしょうが。

そのほか、下村さんの『大き愛』には、丸山学院で教育を受け、陰に陽にタマの事業を助けてくれた朝鮮人青年のことや、下村さんの記憶にある学院生活の実態などにも触れられていて、とても興味深いのですが、それはまたの機会に譲って、少し先を急ぐことにしましょう。

日中戦争がはじまった一九三七（昭和一二）年、タマは丸山学院を畳んで、一家を挙げて朝鮮にわたり、満州との国境に近い咸鏡北道の洪儀にある豆満農場を、信仰を共にするさる軍人から譲り受け、ここに移り住みます。丸山学院の経営は順調だったはずですが、一つには、開拓事業を通じて、ここに朝鮮人と日本人の共同による理想社会を建設したいという願望が、以前からあったのでしょう。もう一つの願望は、朝鮮の地にぜひ信仰の種を蒔きたいということでしたが、これは、近くにある金光教羅津教会の教会長となることで果たされました。また丸山学院は畳んだとはいえ、教育こそは自らの使命という考えに変わりはなく、最初は現地の高等女学校の教員に嘱託されていましたが、やがて、私立丸山学院豆満学校を設立し「学ぶに道なく資なきものの子弟の育英」（『大き愛』九〇頁）に専念し始めます。一九四五年の敗戦はそれからわずか数年後のことでした。

日本の敗戦をタマがどういう気持ちで聞いたか今は知る由もありませんが、翌年、タマの家族（長女ヤス子夫妻と下村さんを含む孫娘三人）は、残していくタマのことを気遣いながら、帰国の途に就きました。このときヤス子は、母が帰らぬのなら自分もとどまって側にいたいと頼んだそうですが、タマは我儘を許してくれといって、背中を押すようにして家族を見送ったといいます。

その後しばらくタマと家族との間には書簡のやり取りがありましたが、一九五〇年ころからは連絡が取れなくなったようです。朝鮮戦争のためだったに違いありません。一九五六年一月、心配したタマの信仰上の師である芸備教会の佐藤一夫が、日本赤十字社を通して金日成主席あて「老齢のタマを帰国させてほしい」という請願書を出したところ、間もなく、北朝鮮の赤十字社から「幸田女史は国家の手厚い保護のもとに、現地村長金在國宅で一九五三年六月三〇日病死」した旨の通知が届きました。また一九五八年、福岡市議会関係者が北朝鮮独立十周年記念式典に招かれて渡鮮した際、金在國村長あてに書簡を出したところ、同村長から折り返し、「幸田タマ先生の教育を受け、先生を尊敬している村人、教え子達の、手厚い庇護の許にあられました。老後の病床には五人の医師が看護にあたりました。一九五三年二月十三日御逝去。先生最愛の地に手厚く葬りました。先生の蔵書類は朝鮮南北戦争の戦火の灰燼に帰しました。よって先

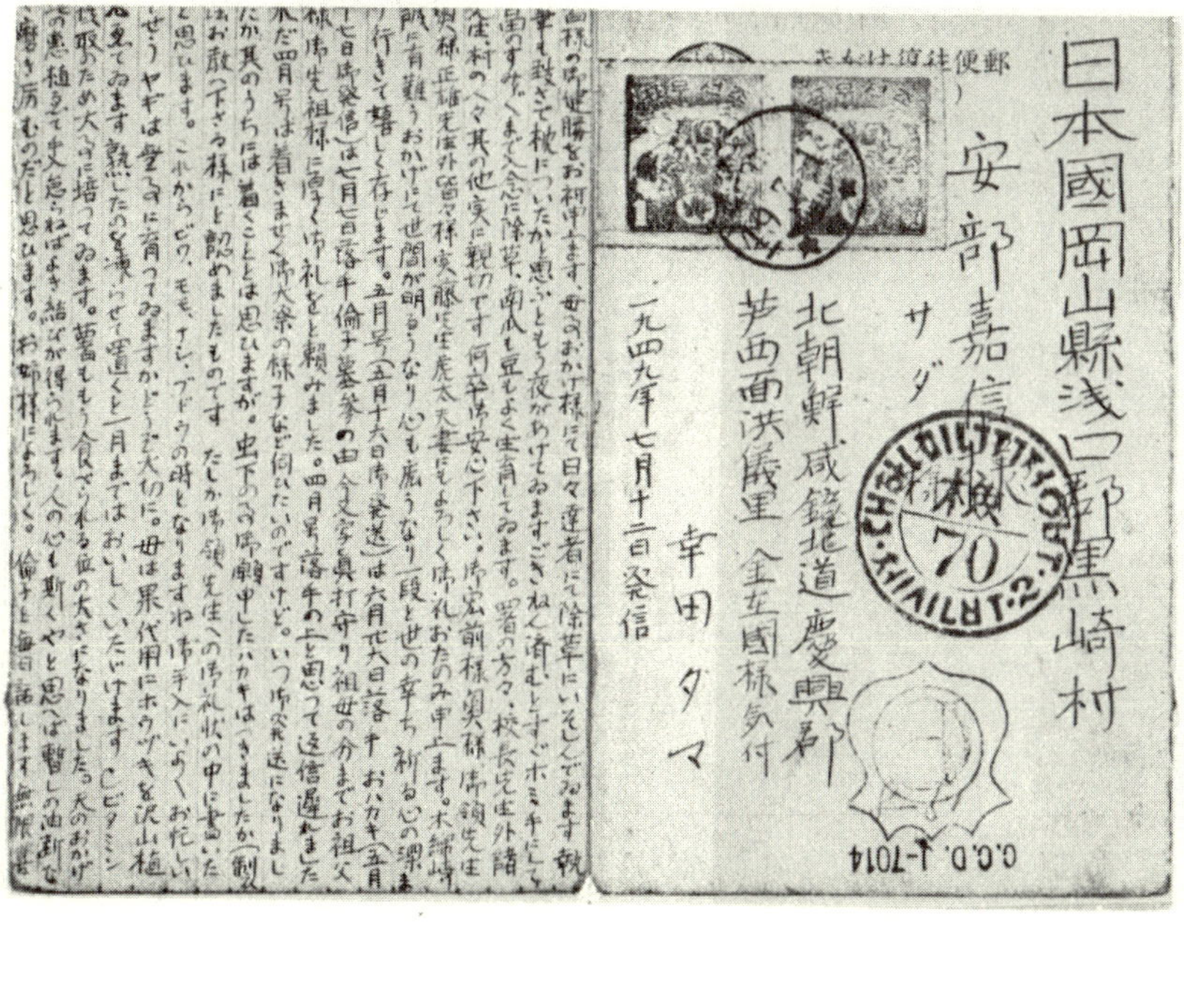
日本國岡山縣浅口郡黒崎村
安部嘉信様
サダ様
北朝鮮咸鏡北道慶興郡
芦西面洪儀里　金在國様気付
一九四九年七月十三日発信
幸田タマ
C.C.D. J-7014

幸田タマのハガキ（『大き愛―朝鮮に骨を埋めた人―』下村倫子著、昭和59年刊より）

生の手記を御送り出来ず残念です」とあったそうです。
最後に、タマが、朝鮮から家族にあてた書簡の一部を紹介しておきます。心して読んでいただければと思います。なお、写真でご覧のようにタマの通信文は、ハガキに小さな字でぎっしり書き込まれていますので、要所のみの紹介とさせていただきます。

安部サダ子（タマの次女）様みもとに

……血のにじむようなそなたの真心籠れる御封書、涙しつつ幾度繰り返した（て読んだ）事か。当方皆々様のおかげでありがたい日々を過ごしています。どうぞどうぞ御安心の程くれぐれもお頼み申します。……世が如何ように変わろうとも、此の母が朝鮮のかたがたの、真の幸福願う心には、露もくるいは生じません。国を出るとき、朝鮮が我が死場と定めて参りました此の母です。私も人間です。子や孫の側で活《ママ》したい人情は抑えがたいものがありますけれど、お道の尊さ去り難く、一心不乱高麗人の御幸福《みさち》を願って、足腰弱き身ながらもベストを尽くして働きつゝ、鮮語の研究に余念ございません。……此の母は普通で考えたら我儘にも似て居ましょうが、幼時より思い思いし朝鮮のこと五十年この方の念願捨て難く、ヤス子（長女＝下村さんの母）の願を容れて帰国いたしたいは山々なれど、ヤス子を説いて四人の孫たのむとて、ようやく帰国せしめたわけです。……生きる死ぬるは御旨のまま、必ずご案じなさらぬよう。どうぞお健やかに！

一九四七年一二月九日

安部サダ子夫妻に

……今宵十六夜、申し上げようもなきお礼の文句考えつゝ寝に就けば、枕を照らす月光、仝じ月をば眺め給うらん孝子御身たちの上思いて眠りもやらず……

一九四九年一月十四日

安部サダ子夫妻に

……高麗人の幸祈る報恩初一念お取次の御用仕らんと、あられもない苦労も物の数かわと一心不乱の御祈念です。終生御祈念申しても一人のお取次ぎも叶わぬならば、身の不徳、生神様、親神様御気感に叶わぬヤクザ者と自らを責めて従容御国替えの覚悟にて修行いたしていますのじゃ。……一切の我慢我欲を放れて御報恩の一筋にとの念願より外はありません。世のため道のためならば御旨のままに水火も厭わぬ身でございます。

一九四九年一〇月一四日

幸田ヤス子（タマの長女、下村さんの母）夫妻に

……生死は天地は（に?）お任せ申しても、高麗のお役にも立たざれば生き甲斐もないこの命、どうぞどうぞ報恩のための初一念貫徹せしめくださるよう……。願いし洪儀の平野は念願通り拓けました。あとは拓きし人々の心の御幸ち世の手本になるような村の建設でございます。天地の真乃道が開けるようにとのベストを尽くしてのお願いです。……先日、平壌から所用あって御来洪の一青年が日本在住の苦しめる鮮人を助けてくれずやと言われました。タマはその御心中察していろいろの点から涙はふり（あふれ?）ました。タマは未だ時至らず金（日成）将軍に我が意上

達の道を得ず遺憾に思っています。

一九四九年一〇月一四日

安部サダ子夫妻に

……豊作だったとのこと、実に有り難いなあ、甘藷思うてもよだれ、胡麻油のフライ、茄子のカラシ漬なんと好きな御馳走ばかり、蔭膳して下さい。きっとラジオが持ってきてくれますよ（電波が運んでくれるの意―小澤）……。

一九五〇年一月十三日

そして、下村倫子さんはこの本の最後に「還暦を一人で祝う四畳半」の句を添え、次の言葉で結んでいます。「あなたが願った高麗人達の幸せを、あなたが永眠した北鮮の地で永遠に祈って下さい。そしてあなたの心を北鮮の人達に永遠に語り伝えてほしいと願って止みません。どうぞ安らかに」（一三五頁）。

私はこれをただのいい話、美しい話に終わらせないために、あえて言います。タマがもし今も生きていたなら、拉致問題で行き詰まっている今の日朝関係をどういう心で見ているだろうかと。

「善意」の意義と限界

金光教のアジア布教を語るとき、無視することのできないものとして、いま一つ触れておかなければいけないのは、日中戦争下の一九三九年ころから始められた青年教師宣撫《せんぶ》班による「対中国文化・

施療事業」です。これは、前年の国家総動員法に基づき文部省が神仏基の各教に示した対中国布教の方針を受けて行われたもので、布教の対象は中国人に限る、その場合社会事業と宣教とでは社会事業を主とする、布教師はなるべく中国語のできる専門学校卒業程度以上の者とする、などの細かい条件によって、初めからその内容に厳しい枠がはめられていました。

教団はこれに対して、華北に佐藤博敏、華中に出川武親らの青年布教師を派遣しますが、彼らの出発にあたり、当時の教監高橋正雄は、先述のごとく「何もできなきゃ、それでもかまわん。ご祈念をして歩きよるだけでもいい」と語ったといいます（本書Ⅱ「戦争と信仰」七七頁参照）。この言葉に励まされて、彼らは国家の企図するところとかかわりなく、文字通り祈りを込めて、それぞれの事業に打ち込みました。その主なものを挙げておくと、施療事業の面では、一九四四年三月までに、華北で延べ一四万五〇〇〇人、華中で延べ一万二五〇〇人の中国人に施療活動を行い、教育面では、北京と南京のそれぞれに金光教日語学院、上海に第一～第五の各忠信小学校及び中学校などを開設して、多くの中国人子弟に無償の奉仕をしています。

佐藤博敏は、そのころを回顧して、中国人を殴った日本兵をたしなめた、などのエピソードを残していますが、高橋教監も、彼らのあとを追って中国への視察旅行に出かけた際に、現地の特務機関と「殺されても仕方がないくらい」の大喧嘩をした、と伝えられています。その内容については詳らかではありませんが、帰国後に綴った印象記で、彼はおおよそ次のように述べています。「これは唯勝ちさえすればよい戦争ではない。大事なことはその先にある。これは支那四億の民をして本当の仕合わせを得させるための戦争である。然らばそれが支那の人に分かるか。現在自分の国を舞台として、家を焼かれたり、土地を荒らされたり人を殺されたりしている。一方の手には剣を執り、一方の手では頭を撫でて行かなければならない。これは容易のことではない」（『金光教青年』昭和一四年七月号）。「仕合せを得させる」「頭を撫でる」などの用語は感心できませんが、それ以外の内容は当を得たものであり、「大げんか」の理由もほぼ想像がつくというものでしょう。

このように、彼ら宣撫班の青年布教使らの活動は、出先の特務機関から如何様に評価されたかは知る由もありませんが、まさに、祈りを内に秘めた、愛と善意に基づくものであったことは疑いありません。しかし、それによって償うには、日本の侵略戦争がもたらした中国人の痛苦のあまりに大きなものであることを、そして、それに指一本触れることのできないところでの「善意」というものの欺瞞性を、かつての青年布教師らはすでに深い痛みとして受けとめているのです。前記の内田守昌は言っています。

こうしたひたむきな信仰的な態度を持っての本教の諸活動が、その実際であったにもかかわらず、まことに遺憾なこと、慙愧にたえぬことは、その一行の名目、肩書が示す通り、「青年教師宣撫班」としての活動であったということである。「宣撫」とは、客観的にいって日本の中国侵略政策にもとづく占領地域中国人への宣撫工作を意味する、その活動以外のなにものでもなかった。……かつて、宣撫班主任として、また南京教会長として戦乱の中国の民族・風土をじかに体験によって認識した故出川武親師、師の戦後、再布教にあたっての、みずからの心に刻んだことばがあった。「こんどこそは騙されまいぞ」この悲愴ともいえる一語は、いまに新しく我々の印象に残る厳しくも胸いたむことばである。

（内田守昌、前掲書）

第二部

歴史・人・信仰

IV

民衆宗教における「近代」の相剋

——教派神道体制下の金光教

1 別派独立後の金光教団――その内部構造について

一八八三（明治一六）年、金光教教祖金光大神《こんこうだいじん》は、その七〇年にわたる生涯を閉じました。彼は死の直前、神社神道との結合による布教の合法化を勧誘に来た神道事務局のものに対して「この方の神様は違う」と、言下にこれを断っています。それは、「現人神」を頂点とする国家神道体制の確立を急ぐ国家が、民衆的諸宗教への弾圧と統制を一段と強化しつつある中で、金光教の歩むべき道を身をもって示した教祖の切実なる遺訓であったといえるでしょう。しかし、日増しにつのる官憲の圧迫に苦慮しつつ、布教公認を焦眉の課題としていた弟子たちは、教祖の死後いくばくもなく神道事務局傘下の教会としての公認を取り付け、ひきかえに課せられた国体の教義へのはてしない接近の義務を甘受しつつ、「別派独立」への道をひた走りました。そして一九〇〇年金光教は遂に神道教派としての汚辱にまみれた「独立」を果たしました。いいかえればこのときから金光教は、たてまえ上、祭祀に機能を限定された国家神道の宗教的機能を代位する「教派神道」としての役割を、正式に担うことになったわけです。

このようにして確立された教団の公的立場が、教祖の思想からいかに逸脱したものであったかはいうまでもありません。(1) そして、教祖以後、とりわけ別派独立以後の金光教を、権力に屈服し去ったものとみなすのは、その限りでは正しいでしょう。しかし、教団としての公的立場がそのまま広範な信徒の人たちの立場をも代表し得ていたと考えるなら、それは正しくありません。というのは、自己の精神的救済を最大の関心事とする広範な信徒の人たちにとって、教団の公的立場や教義の改編などの問題は、さしあたって重要な関心事とはなりえないという一般論的な理由に加えて、金光教の場合はさらに国体の教義とは本来的になじまない教祖の思想が、「取次」という独自の信仰形態を媒介することによって、根強く信者たちの中に生き続けることを可能にした、とみられるからです。

いまはこの問題にあまり深入りできませんが、国体の教義になじまない教祖の思想とは、一言で言って、超越的な神への篤い信仰と、絶えざる自己への内省から生まれた深い人間愛と、独立した人格を貴ぶ思想です。近年、現代における諸悪の根源をすべて「近代化」に求め、「近代的」とみられるものを丸ごと否定する「知識人」たちがいますが、封建的な抑圧からの解放をこそ「近代」とみるオーソドックスな立場からすれば、それは歴史的に避けがたいものであり、その限りで、私は、教祖が切り開いた境地を、ある種の「近代的な自我の覚醒」と呼ぶことに躊躇するつもりはありません。ただし、そこには、明治国家の推進する「外発的近代」（＝文明開化路線）と、民衆が独自に切り開いた「内発的近代」があり、教祖の思想は、それを支える原理において、あくまでも後者に属するものでした。いまその原理を彼自身の言葉の中に求めるならば、それは、彼が信心の要諦として書き残し、今日「天地書附《てんちかきつけ》」の名で呼ばれている「生神金光大神、天地金乃神、一心に願《ねがえ》、おかげは和賀心にあり」という一句に、すべて表現し尽されているように思われます。

まず、身にふりかかる不幸の数々を契機とする土俗的＝封建的宗教意識（前者が後者から独立してあったと考えるのは、「近代」を目の敵にしている一部のインテリゲンチャの錯覚にすぎない）との孤独な戦いのはてに訪れた凡夫《ぼんぷ》としての自己認識があらゆる精神的解放の出発点となった金光大神にとって、神のおか

（1）教祖の死後、別派独立までの過程、及びその中で確定されていった教団の公的立場については、拙著『生き神の思想史』（岩波書店、一九八八年）四六―六〇頁を参照されたい。また、本書所収の追補「日本の近代化と民衆宗教」（二一九―二六〇頁）にもその概略が述べてある。

げとは、自己の内面に向けての不断の倫理的問いかけを通して、まさに「わが心」のうちにおいてのみ成就されるものでした。そして、そのような神への主体的な応答のうちにこそ、実は神のはたらきが生きている。「氏子あっての神、神あっての氏子」、神と氏子は「あいよかけよで立ちゆく」（『教典』「金光大神覚書」）。このような神と人との関係において、不断に神の願を成就しようとする「わが心」のありようを、彼はまた「生神」という言葉で表現したのです。

金光大神はその晩年、一信者との問答のなかで「生神ということは、ここに神が生まれるということであります」（『教典』「理解Ⅰ　徳永健次の伝え」）と述べています。人間は生まれながらにして神であるのではなく、絶えざる自己吟味によって、神の働きをその身に顕現しうる存在である。そのような人間の能動的主体性と神のはたらきが一体となったとき、そこに新たな神が生まれる。生まれ続ける。それが金光大神における「生神」の意味であり、それが彼における自己確立、自己変革の思想、人間愛と人格主義の思想を支える根本的な原理だったのです。こうした思想が、現人神に対する臣民の無条件の随順を説く「国体の教義」と、いかに相容れないものであったかは、今や明白です。

しかし、そのような思想が、教義の改変などの障碍に堪えて信者のなかで生き続けていくには、いま一つの重要な契機が必要でした。「取次」という独自の信仰＝布教の形態がそれです。取次とは何かについては、くだくだしい説明をするより、現実のありのままを描写する方が手っ取り早いかもしれません。岡山県浅口市金光町にある金光教本部の広い境内の一隅に「会堂」と呼ばれる信仰の殿堂があります。会堂の正面には前述の「天地書附」が掲げられている以外、いわゆるご神体に相当するものや、それに付随するきらびやかな装飾などはほとんど見られません。

この正面に向かって右側前方の小机の前に教主（信者たちは教主のことを、敬意をこめて「金光様」と呼び習わしているが、現教主金光平輝《へいき》氏は教祖五代目の子孫）が座して終日神前に奉仕しています。三々五々に訪れる信者たちは、広い畳敷きの広前の思い思いの場所で、畳に手をつき、正面に向かって静かに黙祷を捧げ、心が定まれば教主の前に進み出て、みずからの悩みや問題を打ち明け、教主は信者とともに神に祈りを捧げつつ、神が願うところの信者の助かる道、立ち行く道がなんであるかを語り合います。やがて、信者は元の座に帰り、再び黙祷を捧げて、静かに退場していく、このように教主（各教会所にあっては通常教会長）が氏子の願いを神に、神の願いを氏子に伝えるという至ってシンプルな、しかし緊張に満ちた神との対話の形式、それを金光教では「お取次」と呼び習わしているのです。

そして、このような様式が単なる形式ではなく、「実意丁寧」をモットーとして生活の只中に信心を求めた教祖の生き方そのもの、いわば生活化された教義ともいうべきものであるとしたら、書かれた教典の類よりは、このような様式の中にこそ、教祖の信仰の神髄が脈々と流れているのだ、とも言えるでしょう。事実、教祖はその晩年に至るまで、体系的な教義の形成にはいたって消極的であり、その教えは、教祖との出会いに鮮烈な衝撃を受けた直信の弟子たちから、また次の世代へとこの取次の場を通して、生き生きと語り継がれていったのです。

もちろん、われわれはそのことで、教団が別派独立の代価として支払ったものの大きさを見失うわけにはいきません。ただ、事実の問題としては、かくして、一方における教団の国家本位のたてまえと、他方における信仰次元の自己本位の立場が、背を向けあって併存するという重層的・二極的構造、それが別派独立後の金光教の在り方を基本的に特徴づけていくことになったのです。とすれば、われわれは単に教団の公的立場においてだけでなく、このような二重構造の全体として、それが果たした役割を問い直してみる必要があります。ここではさしあたり、そうした視角から、大正デモクラシーと昭和ファシズムの二つの局面に見られた二つの特徴的な事態の検討を通して、このような構造が担った意義と問題点を明らかにしていきたいと思います。

2　大正デモクラシーと金光教

(1)佐藤範雄と「国民教化」運動

大正デモクラシーを背景とする時代状況の中で、金光教団ではデモクラシーをめぐる二つの相反する運動が、それぞれに担い手を異にして同時に進行するという、特異な現象が見られました。その一つは、国体護持の立場から、デモクラシー、社会主義、労働運動、農民運動などの抑止・善導を目指して華々しく展開された「国民教化」運動であり、主として国家権力と手を結んだ教団の最高幹部がこれを担っていました。他の一つは、教団の生命たる教祖への回帰＝信仰復活《リバイバル》を内的契機とする教団革新運動に端を発し、やがてその中から独自の社会批判とデモクラシー擁護の諸活動を生み出していった、主として教団の青年会を拠点とする青年布教師たちの運動です。このような二つの相異なる運動が同じ教団の中で同時に進行するという事態は、さきに見た教団の構造的特質を抜きにしては理解しがたいものですが、ここではとりあえずそれぞれの運動が個々に担った役割とその特徴を、具体的な事実の経過に即して明らかにしておきたいと思います。

まず、国体護持の立場からデモクラシーなどの「危険思想」圧殺を旨とする一大教化運動を推進した教団の最高幹部とは、当時教監（管長を補佐し教団運営の最高責任を負う）の要職にあり、文字通り金光教を代表する「顔」として八面六臂の活躍をしていた佐藤範雄（一八五六―一九四二）です。佐藤の教団内外における活動の軌跡については、彼の『信仰回顧六十五年』上・下巻（同書刊行会、一九七一年）に詳しく述べられています。以下、主として同書に拠りつつ、佐藤を軸として展開されたこの「国民教化」運動のあとを簡単に追ってみることにしましょう。

佐藤は一八七五年二〇歳のとき、金光教に入信し、間もなく教祖の勧めに従って布教者の道に進みました。しかし、教祖の信仰には「教学」が無いとみて不安を覚えたためでしょうか、やがて国学者大国隆正門下の黒坂昌芳、のちには井上頼圀について記紀などの「皇典」の修学を始め、直ちに教導職試補の資格を得て、神道事務局の巡教に随行するなどの経験を重ねています。金光教が国家神道とは極めて異質な性格を持ちながら、ようやく神道教派としての独立をはたすことができた理由の最大のものは、この佐藤の教導職（神道事務局が神道本局と改称されてからは宣教使）としての布教の実績と、復古神道[2]教義の素養による金光教教義の修正ないし付会の努力にあったといっても過言ではありません。

その後、日露戦争勃発を機に、教団は国家への協力姿勢をいよいよ鮮明にし、一九〇八年の戊申《ぼしん》詔書《しょうしょ》[3]渙発に際しては、全教団を挙げて聖旨普及の運動に努めましたが、佐藤は一貫してこのような方向付けを与える教団の舵取りでした。また佐藤は、折からの地方改良運動[4]、青年団運動、在郷軍人

（2）近世後期に台頭した国学系の神道で、とくに平田篤胤によって主張された。神道国教化など、維新政府初期の宗教政策に大きな影響を与え、その行き過ぎから、神道と仏教の共同による国民教化政策に切り替わっていったが、思想的には天皇制国家の中核を担うものとして生き続けた。

（3）一九〇八（明治四一）年、日露戦争後の国民思想の作興、風紀の矯正を目的として発布された詔書。

（4）前記の戊申詔書を具体化する形で展開された政府主導の地域振興運動。勤倹貯蓄、産業組合の設立、耕地整理、農事改良など種々の改良事業を展開して富国強兵、民心の統一をはかった。

会の運動などとも密接にかかわり、一九〇八年から一四年にかけては「国民講演」と自ら命名した講演活動を精力的に展開して、巷間のイデオローグとしても次第にその名を知られる存在となっていきました。そして、一二年、宗教界の国家的再編をねらい、内相原敬の肝いりで開催された、神道・仏教・基督教の「三教会同」は、神道側代表委員として常にこれをリードした佐藤の活躍によって、彼のみならず、金光教＝教派神道の優等生の「声価」を一度に高からしめる絶好の機会となったのです。

かくして、「大正政変[5]」とともに迎えた新しい「民衆の時代」のうねりを尻目に、否まさにその故に、彼の国体護持の使命感は、この時期いよいよ激しく燃えさかっていきました。すなわち、一九一四年、佐藤は『我国体之尊厳図』および『尊厳なる我国体』を著し、翌年「国体神勅普及会」なるものを立ち上げて、これらの図書を各皇族、諸官庁、陸海軍、全国の小・中学校に寄贈、その数は三万一〇〇〇部に及びました。次いで、一六年には『憲政自治の精神』を刊行、これをスライドにしてさらに「国民精神教育」の実を上げようとはかりました。この幻燈スライドは同年四月に完成、六月には東京日本橋クラブで試写会開催の運びとなりましたが、参会者の中には井上友一、一木喜徳郎《いちききとくろう》、石黒忠悳《ただのり》、床次《とこなみ》竹次郎、田沢義鋪《よしはる》、平田東助、筧《かけい》克彦、高田早苗、前田多門、沢柳政太郎ら地方改良運動などにかかわりを持つ内務省関係の有力者、学者、文化人がずらりと顔を揃えています。そしてこの時の助言に基づき、さらに推敲を重ね、翌一七年三月に完成を見たのが、のちに文部省から通俗教化図書の認定を受け、民衆教化の格好のテキストとして迎えられた『敬神崇

佐藤範雄

祖、憲政自治大精神』（六一コマのスライド付、中央報徳会刊）でした。

やがて、おそらくは前記の有力者たちの口利きによるものでしょう、六月に至り、赤坂離宮に天皇・皇后をはじめ一五名の皇族と、宮内省関係の貴族・高官七〇余名を集めて、一大御前講演の開催となりました。内容の詳細については省略しますが、前編「敬神崇祖の大精神」では皇祖にゆかりの神社旧跡のスライドを見せながら、敬神崇祖の精神を説き、後編「憲政自治の大精神」では黒船来航、五箇条誓文、国会開設の勅諭、憲法発布などの意義を語りながら、最後にいわゆる模範村の「自治」の実態にまで説き及んでいます。ここでは欽定憲法たることの意義を自覚し、天皇の政治を翼賛することが「自治」の本義である、というのが彼の一貫した論理でした。

ところで、一九〇七年以来引き続き教監の地位にあり、名実ともに金光教の最高の指導者として君臨してきた佐藤は、同一七年一月、突如としてその地位を退きました。これは、当時管長家個人の名義になっていた本部境内の土地を金光教維持財団に移管しようという動きが起こり、初代管長（教祖の四男萩雄）が、それまで選挙制だった管長職を世襲制に改めることと引き換えにこれを認めることになったため、教団革新を唱える青年布教師たちが、佐藤にその引責を迫ったことによるものです。佐藤はこのとき彼らの言を容れて、「自分は今まで道に国家に多少の功労あるものと言われてきたが、いまその全部を取り消して一信徒としての新しい生涯に入る[6]」と述べ、教団運営の第一線から去っていきました。しかし、多くの信徒・布教師たちを感激させたこの言葉は、その後一層華々しく展開さ

（5）大正二（一九一三）年、第三次桂太郎内閣の成立を機に、軍閥・官僚の恣意から憲政を守るために起こった第一次憲政擁護運動で、桂内閣を総辞職に追い込んだ政変。

（6）佐藤範雄「信者たる吾」（『金光教徒』第一四六号、一九七一年、一月二二日）

れていく彼のイデオローグとしての活動によって、見事に裏切られていきました。とりわけ、教監辞任直後の同年六月、さきの『敬神崇祖、憲政自治大精神』が天覧の「栄誉」に浴したことは、まさに彼のイデオローグとしての働きが、このとき頂点に達していたことを、何よりも雄弁に物語っています。その後、国民教化の目的で書かれた同種の通俗図書、パンフレットの類は枚挙にいとまのないほどですが、もちろん、彼の活動はかかる文書宣伝にとどまるものではありませんでした。

このようにみてくると、佐藤（その他東京布教の開拓者畑徳三郎をはじめ、佐藤に協力した教団幹部は少なくないが、ここでは佐藤に代表させておく）の活動は、もはや金光教の指導者としての性格をはるかに逸脱したもののように見えてきます。しかし、佐藤の主観においてのみならず、教団の上層部でも、彼のはたらきはあくまで金光教の立場からする国家への奉仕である、とみなされていました。そのかぎりで、彼の思想と行動の軌跡は当時の教団における思想上の振幅の一方の極点を確実に代表していたのです。そしてそのことは、国体護持を旨とする教派神道の公的立場から見て、当然すぎるものであったとはいえ、教派神道がそれとして担った役割の大きさを、改めてわれわれに告げるものといえるでしょう。

なお、私がこの文章を「論文」の形で初めて公にしたのは一九七九年、つまり今から三六年も前のことですが、その後、金光教教学研究所を中心に、それまでは手薄だった近代の金光教についての研究が次々に登場し、佐藤範雄についてもいくつかの優れた研究が生み出されました。その特徴を一言でいえば、私のかなり否定的な佐藤評価に見直しを迫るものだったといえます。その詳細については省略しますが、それを機に私が自らに問うたのは、「なるほど『此方のは神様が違う』といって国家神道との一体化を戒めた教祖の態度は正論というほかはないが、それでは佐藤らの図った別派独立やその後の国家への協力姿勢がなかったら、いまの金光教は果たして存在していただろうか」という問いでした。「いまの金光教」というのは、国体論の泥にまみれても、なおその存在理由があったと思われる、その金光教です。この問いに対しては生きてあるうちにぜひ答えねばと思っているのですが、いま、私がまだ答えを出せないでいるのは、次のような問題があるからです。

つまり、彼は、その『信仰回顧六十五年』上巻のなかで、大逆事件で死刑となった森近運平を、事件の以前からマークし、同人を呼び寄せては、「その転向改悛に力め、……会う度毎に思想緩和に尽くし」た、ということを、得々として語っているのですが（同書上巻、五一〇頁、五一四頁）、「転向改悛」といい「思想緩和」といい、そこでは、人には人の考えがあるという当たり前のことが無視され、自らの思想のみを無謬のものとして一方的に人に押し付ける、おこがましいと言わんか、僭越と言わんか、不遜極まりない態度がまかり通っているのです。私は、佐藤がほかにどんな素晴らしいことを言っていても、この一点だけで彼を評価する気にはとてもなれません。彼の生きた時代の限界だといえばそれまでですが、大逆事件そのものが権力によるでっち上げであったということは別にしても、同時代には、例えば徳富蘆花のように「謀反論」を書いて、国家が間違っていればあえて謀反することこそが真の愛国だ、と説いた人もあったわけです。そこまで望むのは無理だとしても、他の神様を謗ってはいけないといい、私は何も知らぬ土を掘る百姓だ、といった教祖の信心に照らして、ただ佐藤の「善意」だけを評価するのは間違っています。

私は幾度も言うように、信仰については語る資格のない人間ですが、このことは、多分、人々の信仰の在り方にも深く関わってくる問題なのではないでしょうか。その点で、後述するように、佐藤のことを、「もはや本教の人というよりは国家の人だ」という信徒向けの新聞の評を逆手にとって、本教の人は徹頭徹尾本教の人でなければならぬ、と一矢を報いた金光教青年会の人たちの感覚は、実にまともなものであったと思います。いまの金光教があるのは、はたして佐藤らのおかげなのか、そこでいう金光教とはどういう性格のものなのかということを、少なくとも、教学研究に携わっておられる方々には、今一度問うてみたいと思います。ですから、人間の生き方という面からすると、私にとっての佐藤は、残念ながら、溶かさなければならない「我」や「肩書」をたくさん抱えた反面教師以上の存在ではありません。佐藤をどう評価するかは過去の問題ではなく、まさにいまのわれわれの信仰とか思想の質を問う問題だと、私は思っています。

(2)信仰復活運動の意義

以上の佐藤らを中心とする教化運動が、「教派神道」を意識した華々しい対外活動を特色として展開されたものだとすれば、この期の金光教のいま一つの思想的潮流を代表する青年布教師たちの運動は、はじめ、「金光教」の独自性を強く意識した地味な教内活動を特色とする信仰回復・教団革新の運動から出発しました。その限りでこの運動は、佐藤らの運動に対する直接のプロテストとして起こったものではありませんが、のちに社会観・国家観の点でも佐藤らの場合と大きな開きを示すようになったのは、むしろこの運動が組織維持の問題よりはまず個々人の生活の問題を、すなわち宗教の本来的な使命を問い返すところから一歩一歩問題を掘り下げていくという着実な態度に貫かれていたからだと思われます。

このような運動の芽は、すでに一九〇六年、折からのキリスト教青年会の活動や、各地の青年団運動の高揚に触発されて、佐藤金造、高橋正雄、佐藤一夫、長谷川雄次郎、和泉乙三ら在京の留学生を中心に結成された金光教青年会の活動のうちに胚胎していました。これらの青年たちは、いずれも佐藤範雄の愛弟子たちであり、教団組織の「近代化」を担うべき次代のリーダーとしての期待を一身に集めて、東大や早大などの「最高学府」に学んだのですが、次の点で彼らはすでに佐藤ら教団幹部とは異なった問題意識のうちにありました。その一つは、佐藤らと違って直接教祖にまみえたことがないということが、かえって彼らの教祖への関心をかりたて、教祖像の主体的把握へと向かわしめたということであり、いま一つは、彼らの吸収した新しい学問や思想や文化が、その教祖理解と相まって、佐藤と異なった思想的回路による社会観・国家観を育みつつあった、ということです。そして、折から結成された金光教青年会とその機関紙『新光』は、おのずから彼らの信仰と思想を錬磨し、広く彼らの主張を同世代の信徒たちに語りかけていくかけがえのない場となっていったのです[7]。

このようにして、まず教祖の信仰的立場の闡明に向かった彼らは、やがて別派独立後の教団の歩みが、教祖のめざしたものとははなはだしく異なった方向に向かいつつあり、そのことが教勢の伸びとは裏腹に深刻な信仰的危機を生み出していることを鋭く察知しました。それが引き続いて起こる活発な信仰復活《リバイバル》運動の直接の契機となっていくのですが、そこでの彼らの基本的な問題意識は、一九一三年の『新光』新年号の巻頭文「教祖に復《かえ》れ」に余すところなく語られています。次にその主要部分を紹介しておきましょう。

往年、本教一部に信仰復活てふ声あり、昨年は亦佐藤教監によりて信仰の現状を改むべき由を説かれたりき。然れども吾人は、教監の諭されたる所、その改善の標的は何れにあるかにつきて頗

（7）この金光教青年会は東京を中心にしたものだが、大阪でも翌年大阪青年会、藤蔭青年会が発足し、それぞれ『青年布教』『藤蔭』と題する機関誌を発刊していた。

る漠然たるの感なき能はざりき。改善せよといふにつけては、頼りて帰趨し、依りて確立すべき本教信仰の明確なる或る物を予め示さざるべからず。或る物とは即ち我が〈教祖〉なり。本教信仰の根本茲に存し、教義も組織も亦茲に出立せざる可からず。是れ今更申迄もなき次第なるが、本教今日迄の実状は、教祖に対する朧気なる理解によりて成立せるが故に、教義も組織も纏まりたるが如くにして実は徹底せざる点尠からず。さればもし一旦教祖の御経歴、人格及び教説の、更に詳らかなるに至らば、今日まで説き来たり、信じ来れる教義は或部分まで改定せらるべく、本教組織も亦変更するに至るは必然の結果なり。之を要するに本教信仰の真義を闡明発揮せんは本教の急務にして、教祖研究はその中心事業なり。本教今や現下の時勢に遭遇して教義の扶植、教勢の発展、社会事業の経営の如き華々しき各種の問題眼前に横たはれり。是等固より重要ならざるに非ざれども、而も概ね第二事業に属す。第一事業を閑却して、第二事業にのみ焦思せんとするが如きは、恰も母屋の雨漏りを防がずして、直に庇の拡張を急ぐに類す。頃者、大教新報（教内一般信徒向けの新聞）は某教正（佐藤範雄）の社会事業に熱心なるを称揚して、同教正は最早本教の人に非ずして、国家の人たりと評せり。何ら滑稽なる言ぞや。我が国籍を有する以上、何人も国家の人ならざるなし。称揚するに事を欠くにも程こそあれ。本教の人は徹頭徹尾本教の人たるべし。然れども滑稽なるこの言の中、亦自から同教正近来の消息を語れるものなきに非ず。吾人は、実に此評を見て顰笑と嘆息とを禁ずる能はざりし。本教の急務は、赤裸々なる我が「教祖」を闡明し、もって本教徒の依て立つべき根本の教義を発揮し、一切の情実弊竇《へいとう》とを去り、翕然《きゅうぜん》として教祖に復り、而して更に各自信仰の道に出直すにあり。教祖に復らんかな、教祖に復らんかな。(8)

（傍線及び括弧内は筆者）

気迫のこもったいい文章です。本文はこれに数倍する長さですが、要点は右に尽くされています。佐藤ら教団首脳に対する批判は、未だその思想内容にまで及んではいませんが、この場合、国家への奉仕より教祖に復れ、教祖の教えが明らかになれば従来の教義も組織も改めねばならぬだろうと説くことは、少なくとも教団の構造的矛盾を突くという点で、最もラジカルな意味を持つものであったといえるでしょう。そして、「教派神道」への自己同化に狂奔するこのような教団幹部の動きに、金光教の死命を制する「危機」を見ていたのは、もちろん、彼ら青年布教師たちだけではありませんでした。

一九一六年五月発行の『新光』一二三号は「本教の現勢に対する感想」「神前奉仕の覚悟」について、布教の第一線に立つ各地の教師、教会長に発したアンケートの回答を掲載していますが、ここでは「教祖に復れ」で指摘されている問題が、教祖以来の神前奉仕＝取次を使命とする現場の布教師たちにおいても、一層深刻に受け止められていたことを明らかにしています。たとえば、金光教浜松教会長（当時）の関口欽一は「神前の奉仕は本教の生命であり、教祖立教の大精神であるが、奇怪なことには神前奉仕に無経験なる、あるいは専らならざりし指導者が、その真に困難なるを理解せずして奉仕の重要なるを喋々し、しかもその意は外にあって社会事業をもって得々としていることである。そもそも無学の百姓をもって自認していた教祖の教えは一知半解の学識を超絶したものであり、神前奉仕の上でこそその真生命にふれることができるのである。布教者たるものはすべからく、区々たる

（8）『新光』第八三号、一九一三年一月、二―五頁による。

社会事業の如きを捨てて奉仕の実をあげ、その燃ゆるが如き信念をもって難儀せる氏子の取次救済に専心すべきである」[9]（大意）と述べ、また「飛鳥生」と名乗る人は、「教団の将来を思うと憂懼にたえない。教団維持のために信心を左右されるとは何たる本末転倒であろうか。年数ばかりが多くても、職級ばかりが高くても、役ばかりが重くても、お家柄であっても、信心が進まねば駄目である。われらは信心だけは教祖のような信心をさせて貰いたい。信心本位ですべての価値を定めてゆきたい。私はどれだけの功があるということを考える人は多いが、私はツマラヌもので相済まぬという自覚に立って信心に励むものが少ないのは心細い。よいという上に立てられた教義はあるが、わるいという自覚に立てられた教義がまだ開かれていない。教祖は決して布教や事業に重きをおかれなんだ。そんなことに傾かれるには、信心のことが余りに重大であった」[10]（大意）と述べて、いずれも教祖不在・信仰不在の教団、とりわけその首脳部に対して厳しい反省を求めたのです。この「飛鳥生」と名乗る人こそ、実は、佐藤教監を辞任に追い込む教団革新運動の急先鋒となり、その深い思索と信仰体験に基づく数々の名著によって、後年「金光教にその人あり」とうたわれた高橋正雄ですが、高橋および彼によって代表されるこの運動の宗教思想の側面については、然るべき人の評に任せたいと思います。ただ「わるいという自覚に立てられた教義がまだ開かれていない」という言葉にもその片鱗がうかがわれるように、この時期の彼には精神主義運動の清沢満之《きよさわまんし》や一灯園の西田天香らにも通ずる厳しい求道的精神と、深い罪の意識と、絶対的他者への熱い信仰が見られます。[11]こうした特徴を持つ高橋の宗教思想は、それ自体、資本主義的「近代」の精神的荒廃に対する抵抗の意義をになうものであったと考えられますが、それが信仰復活運動以後の展開の中でどのような役割を果たしたか、それをどう評価するかなどの点については今後の検討課題としておきたいと思います。

このように佐藤らの運動に対比せられる青年布教師たちの運動は、「教祖に復れ」ということと、「信心専一」ということを中心課題とし、社会事業のごときは自信をもって棄てよと訴えましたが、ここでいう社会事業とはもちろん、取次を生命とする金光教の本来的使命とはあまりにも隔たった（と彼らがみた）「国家的事業」を指すのであって、信仰上の立場の故にする社会への働きをすべて否定し去るものでは決してありませんでした。否むしろ、「赤裸々なる教祖」の信仰に立ち返り、「難儀な氏子」の取次救済に専心すればするほど、彼らは民衆の生活次元に深く食い込んでくる国家や社会の暗黒の姿に、熱い信仰的なまなざしを向けざるを得なかったのです。そして、そのような動きの中から、やがて、いわゆる大正デモクラシーの時代状況に呼応する独自の実践的な活動が、さまざまに生み出されてくるのですが、ここでは、常に第一線にあってこの運動を支えた片島幸吉の思想と行動を軸に、その足跡を訪ねてみることにしたいと思います。なお、この期の片島らの活動を、やはりデモクラシーとの関連で位置づけようとした試みの一つに、坂本忠次の「金光教の町——大正デモクラシーと新生社の活動」[12]があります。新生社というのは、第一次世界大戦前後から片島らにより「金光教青年同行の自由集会所」として阪神地区の信者有志の家に設けられたもので、同地区における伝道と種々の社会的活動の拠点としての役割を担いましたが、のちに金光町に移転して、高橋正雄らによ

(9)『新光』第一二三号、一九一六年五月、四四頁による。
(10)『新光』第一二三号、一九一六年五月、五〇—五一頁による。
(11) 事実、高橋と西田天香との間には信仰を媒介とする深い交流があった。この点を含めて、高橋の当時の信仰を明らかにしたものに『一筋のもの』(高橋正雄著作集第三巻、同刊行会、一九六七年)がある。
(12) 金原左門編『地方デモクラシーと戦争』(地方文化の日本史九、文一総合出版、一九七八年)所収。

り「備中大谷製麺会社」の事業を起こし、折からの米騒動に象徴される民衆の生活不安に、信仰的立場から答えようとするユニークな活動として注目されました。坂本氏の論文は、とくに後者の活動に焦点を当てたものです。佐藤範雄らに対する評価その他の点で筆者と見方を異にする点も少なくありませんが、大正デモクラシー下における金光教の動きを把握するには欠かせない文献の一つであると思われます。ここでは以下、主として片島の言論執筆活動を中心に取り上げ新生社の活動などについては言及していないので、坂本論文を併せてご参照いただければと思います。

（3）片島幸吉の思想

片島幸吉は一八八四年神戸に生まれ、一九一一年早稲田大学文学部哲学科を卒業、その年神戸にある奥平野教会初代教会長片島せんの娘と結婚し、神戸を中心とする布教活動に入りました。彼はこのころとくに賀川豊彦の貧民救済活動が行われていた未解放部落にも伝道の輪を広げ、翌一二年には貧民救済を目的とする「稲穂会」を結成して、みずからその責任者となっています。その後、彼の関心は次第にデモクラシー、労働運動、社会主義運動などに広がり、後述する活発な言論執筆活動となって現れてきますが、初期の部落問題への取り組みは、その原点としての意義を担うものだったと考えられます。この間彼は青年会の有力メンバーとして教団革新運動にも積極的に参加していますが、二四年には青年会幹事長に就任し、『金光教青年会雑誌』の編集長の任にも就きました。二六年、彼は米国布教視察のため渡米し、米国での開拓伝道に寄与しましたが、その後は教団本部の要職を歴任し、戦後は五〇年に就任した教監を最後に第一線を退いています。この間彼の公的立場における発言内容は次第に「時局」の要請に従って屈折を余儀なくされていきますが、その心中はおそらく苦渋に満ち

片島幸吉

たものであったと思われます。六二年、彼は七八歳でその生涯を閉じました。ここで取り上げる彼の思想は、したがって、彼が最も生気あふれる活動をなした青年布教師時代のものです。

一九一七年、それまで東京・大阪の各地に分散していた三つの青年会が合同を果たし、新たに全教的組織の金光教青年会を発足させました。これを機に機関誌も『新生』と改題し、一般信徒向けの新聞『金光教徒』（金光教徒社発行）とともに文書布教の中心的役割を担うようになりましたが、片島はすでに『新光』の時代から、その重要な論客の一人でした。当初のエッセイの中には、自然主義やトルストイについてなど、文学士の名残をとどめるものも見られますが、大半は、教祖への回帰、信仰の覚醒を基調とする折からの信仰復活運動を反映した論説・主張などで占められています。『新生』の発刊後も、彼は義母であり、信仰の導き手であった「片島せん師」についての評伝を連載するなど、相変わらず信仰上の問題について健筆をふるっていましたが、一九年一〇月の誌上に「デモクラシーに就いて」を発表してから、彼の論調は次第に鋭い社会批判を含むものとなっていきました。その意味でこの論文は、彼にとっても、青年会の運動にとっても、新しい境地を切り開く画期的な意義を担うものとなったのです。

この論文の冒頭で、彼はまず、デモクラシーについて考えるときには、感情に走らず、事柄に対する公正な見方を保つことが重要であり、とくにその反対論において、かかる不都合な説は絶滅せよ（例えば上杉愼吉のごとき）などというのは、いやしくも一個の思想に対する正しい対し方ではない、と述べています。教団本部ではこれよりさき、一九一七年八月に東京帝大教授上杉愼吉を招いて憲法講演会を開催しており、また佐藤範雄が文字通りデモクラシーの絶滅を説く上杉の『デモクラシーと我国体』を刊行したのは、片島論文発表のつい三か月ほど前のことでしたから、片島の所説は単に上杉に対する批判にとどまらず、これを称揚する教団本部に対しても真っ向から対決を挑むものであったといえます。それだけに、彼は極めて慎重に、周到に、議論の仕方から説き始めなければならなかったのです。

次いで彼は、デモクラシーを「平民が自由平等を要求する精神若しくは観念」であると規定し、さらにデモクラシー興隆の依って来る原因を、内因と外因の両面から考察しています。彼によれば、その内因は近代以降平民、とりわけ労働者階級がみずから「一個犯されざる人格」たることを自覚し始めてきたことにあり、その外因は「資本の前に屈服することを余儀なくされた」労働者階級の悲惨な生活の現実そのものにある、としています（ここでは素朴ながらマルクスの剰余価値説が援用されている）。そして彼は、かかる内外いずれの原因から見ても、デモクラシーの主張には「当然必然の理由」があることを認めざるをえない、と結論付けています。[13]

この論文の表題の下には「十八日会講演要旨」と付記されていますが、十八日会とは一九一九年七月に結成された阪神青年教師会の通称であり、その第一回の会合では「デモクラシーと金光教」に関する片島の発題をめぐって協議がなされ、[14]一〇月の例会では『資本論』の研究も行われています。[15]したがって片島の主張は決して彼だけの孤立したものではなく、彼を含めた阪神地区の先進的な青年布教者全体の気運を代表するものだったとみていいでしょう。いずれにせよ、教団の準公的な機関ともいえる青年会の会誌に、マルクスの所説を肯定的に紹介する論文が掲載されたのはこれが最初であり、そのことが教団内に少なからぬ波紋を投げかけたであろうことは疑いありません。
しかし、マルクス主義からの影響という事実は、少なくとも片島の思想の独自性を示すものではありません。そして、その意味ではむしろ、内因としての「人格の覚醒」という問題が、外因としての社会矛盾の問題と不可分のものとして重視されている点が、ここではさらに注目されねばならないでしょう。また、デモクラシーと社会主義が、彼にあっては、折からの民本主義論争(16)のごとく、二者択一的なものとしてではなく、ともに労働者の解放に不可欠なものとして統一的に把握されているという点も見逃せません。このような特徴を持つ彼の思想は、当時の教団の中で、また社会の現実の中でどのような意義を持ちえたのでしょうか。この点をもう少し掘り下げてみましょう。

一九二一年八月、青年会機関誌『新生』は、さらに『金光教青年会雑誌』と改題されました。これよりさき、同年一月より教団では阪神連合布教と銘打って、阪神地区を一括対象とする大々的な巡教を展開していましたが、その一翼を担っていた片島は、改題第一号より「阪神通信」なる欄を受け持って、活動の模様をつぶさに書き送っていました。それによると、この期間中片島らは、大原社会問題研究所などから講師を招いて「社会問題講演会」を開催したり、「社会主義是非論」をめぐる討論会を持ったり、神戸の新川地区を訪ねて貧民問題の実態を学んだり、労働争議についての懇談会を

(13) 片島幸吉「デモクラシーに就いて」(『新生』第二六号、一九一九年一〇月)
(14)『金光教徒』一九一九年七月二二日号の記事による。
(15)『金光教徒』一九一九年一一月一日号の記事による。
(16) 大正デモクラシーの指導理念となった民本主義をめぐり、提唱者の吉野作造と主として山川均らの社会主義者との間で交わされた論争。

開くなど、金光教独自の立場から、社会問題に積極的にかかわりを持とうとしたことが知られます。片島はこれらの紹介記事に自らのコメントをつけ、また個別の論文も多く寄稿していますが、それらに一貫してみられる彼の思想の原理的な特徴は何でしょうか。

まずデモクラシーや社会主義運動や労働運動に対して、彼らが積極的な評価を与えていたことは先にもみた通りですが、そもそも彼をして社会問題への関心を動機づけ、またそれを通して彼が究極的にめざしたものを一言でいうなら、その根底には難儀な氏子を助けるという教祖の願があったことは当然として、いま一つは、デモクラシーとともに大正期の思想を特色づけるヒューマニズムがもたらした、自由な人格としての人間の尊厳を守り抜くということであったと思われます。例えば彼は「阪神通信」の一節で次のように訴えています。「わが神戸は、いまや軍備制限からくる軍艦建造中止その他で多くの労働者が失業の危機に面しております。現在我国のごとき工業状態に於いて、一工場に於いて、一度職を失うたならば、どこへ取り付く島もありません。家を持ち、妻子をひかえた労働者が、まじめに労働問題や、失業防止を考えることは、どこを押しても無理とは思えません。しかもこの中に於いて軍備制限を理解して、これに賛同している労働者の態度は、非常に立派なものだと思わずには居れません。二口目には危険思想だとか、労働者に何が分かってとか、それはブローカーの仕事だとかいい、全体の労働者を、ヤクザ者の如く、愚人のごとく考えて居る人々も、考え改めて、本当に人間という立場に置いて考えなおしてもらいたいと存じます[17]」。

このように、彼の労働運動への理解と支持は、単なる歴史的必然論からのそれではなく、安易な同情論からでもなく、困難な状況の中で戦っている労働者そのものへの深い人間的共感と、敬意の念に根差したものでした。しかし、右の主張でさらに注目されるのは、「考えなおしてもらいたい」と訴えている相手の中には、資本家や権力者そのものが含まれていたとみられることです。すなわち、彼の人間観からすれば、資本家や権力者の労働者に対する人格無視から解放されなければならないのは、労働者だけではなく、むしろそのことによって人間としての尊厳を自ら放棄している資本家や権力者そのものだったのです。資本家も人間的に救われなければならないという彼の愚直なまでの徹底した人格主義の立場に、われわれは宗教家としての限界のみを見出すべきでしょうか。

もちろん、彼の人格主義は、何よりも労働者の自己確立・自己変革に不可欠なものとして、労働者自身に対して一層熱心に主張されました。彼は、一九二一年七月の神戸三菱・川崎造船の大争議の渦中、進んで多くの未知の労働者と交流し[18]、一〇月にはある造船所の労働者を前に、乞われて一席の講演を行っています。ここでも彼はこの争議が当然起こるべくして起こったものであり、資本家側の責任の免れないことを強調しつつ、一方で、日本人の労働者気質について触れ、まだ労働者としての自覚が十分ではなく、ややもすれば自暴自棄に陥りやすい面があるが、労働者としての誇りを失わず、建設的で粘り強い運動を持続的に展開していかねばならないと、その持ち前の人格主義の立場から、労働者を励ましています[19]。

こうした人格主義の立場が、場合によっては労資協調主義に利用されやすい側面を持ち、両者の対決点を曖昧にする危険性を孕んでいたことは否定できませんし、そこには青年期以来の人文主義的ロ

(17) 片島「阪神通信」(『金光教青年会雑誌』第八号、一九二二年三月)三六頁。
(18) この点については「労働争議について」(『金光教青年会雑誌』第二号一九二一年九月)の中で片島自身が述べている。
(19) 片島「労働問題に対する態度」(『金光教青年会雑誌』第五号、一九二一年一二月)による。

マンチシズムの影響が色濃く反映し、人間に対する過度のオプティミズムが潜んでいた可能性も否定はできません。しかし、長い間の封建的・半奴隷的な境涯から抜け出たばかりのプロレタリアートにとって、労働者も一個犯すべからざる人格を持った自由な人間なのだという片島の主張は、われわれが想像する以上に、深い共感をもって迎えられたのではないでしょうか。そのことの意義を重視するかしないかは、各人の見方によりますが、片島の思想家としての本領はこの点に尽きているといっていいでしょう。そして、このような彼の人格主義の立場は、もちろん、西欧の近代思想からも触発されながら、根本的にはやはり、独自の「近代」を内発的に切り開いた教祖金光大神との信仰的な出会いを抜きには成立しえないものであったと思われます。

そのことはまた、当然のことながら、彼が徹頭徹尾信仰の人であり、宗教の人であり、その限りで社会主義やマルクス主義に限りなく接近しながら、その無神論に対しては明確な一線を画していたことを意味しています。

私自身は、少なくとも片島の思想をはかるのに、唯物論か観念論かという古典的な物差しをもってするのは、あまり有益だとは思いませんが、誤解を避けるために、彼が究極的にはマルクス主義に対して次のような批判を抱き続けてきたことを、明らかにしておかなければなりません。それは一九二二年八月の「阪神通信」の一節ですが、そこで彼は、社会主義勃興の必然性を繰り返し強調したのち、次のように述べています。

「第二に、併しながら、かの階級闘争の思想や、唯物史観の考え方を、そのまま承認することが正しいかどうかを、本統（ママ）に考えたいと思います。……それを決定するのは大問題であるにしても、少なくとも唯心論上の要求が、人間生命の一部をなしておることは、これまた歴然たる事実である。この事実を正当に認めないような考え方は正しい人間の考え方と受け取ることはできません。且つ唯物論的の考え方が、平民の自覚の究極の姿だとは、どうしても思えません。もっと人間を全体として考えたい。精神の要求を充して貫いたい。……闘争のない彼岸に達したい」[20]。

ちなみに彼はこのあと、いわゆる「危険思想」に対する真摯な取り組みが、金光教の内部でいかに欠如しているかを再度指摘して、「世を動かす力は何と云っても真摯《シンサリチー》である。かのレニンが労農ロシアのために心身を過労して、強い神経衰弱に罹ったという新聞電報を見て、いかに彼が全力を尽くしてその経営に任じておるかを思われて、そぞろに心動かされるものがあった」と述べています。彼のいわゆる唯心論の射程を示したものと言えるでしょう。

ところで、これら大正期の片島らの運動によって育まれた信徒の人たちの民主的な感覚と、信仰復活のエネルギーは、やがて次なる局面、すなわち日中戦争前夜の吹き荒れるファシズムの嵐の中で、再び、思いがけない噴出を見ることになります。この期の問題については何れ改めて取り組むつもりですが、ここでは大正期の運動の帰趨を見定める意味で、その概略のみを簡単に紹介しておくことにします。

3　ファシズム期の金光教

(1)教団民主化運動の展開

一九三四（昭和九）年から三五（昭和一〇）年にかけて、金光教団では全国の教師・信徒層の大半が

(20) 片島「阪神通信」（『金光教青年会雑誌』第一三号、一九二二年八月）五二―五五頁による。

管長弾劾に決起するという、教団の存亡にかかわるような未曾有の大事件が巻き起こりました。直接の契機は、当時の二代管長金光家邦が、大教会所の三代神前奉仕者（教祖以降、代々の神前奉仕者は信徒たちから敬愛の意を込めて「金光様」と呼び習わされていた）金光攝胤《せったね》に集まる信望を妬んで、地方新聞に中傷記事を書かせたことにありますが、その本質はもっと根の深いものでした。

話は、金光教団が別派独立を果たした一九〇〇（明治三三）年まで遡りますが、ここでいう「独立」とは、むろん神道本局からのそれであって、国家からの独立を意味するものではなかったということが重要です。すなわち、当時の神仏各教宗派では、一八八四（明治一七）年の太政官布達によって、管長に教師の任免等の主要な権限が委ねられ、その管長の任免や教規・宗制の認可権は、政府の掌中におかれました。こうして管長に絶大な権力を集中させることによって、国は、管長制度を通して、宗教界全体に対する支配・統制の強化を図ったわけです。その結果、絶大な権力を手中に収めた管長の中には、自ずから独裁君主のような振る舞いをする者が出てくる可能性が生まれました。それが、金光教のいわゆる「昭和九年十年事件」の遠因の一つとなるのですが、ここでは少なくとも、それ以外に金光教の生き延びる道があったかどうかは別にして、そうした「公認制度」そのものが、信教の自由とは根本的に相容れないものであったということを、原則的な問題として確認しておかなければなりません。

それはともかく、九年十年の事件には、もう一つ金光教団に固有の事情がありました。まず、教祖が亡くなった直後、幹部らが鳩首協議の結果、教祖の四男金光萩雄が教務を統括し、五男宅吉《いえよし》が教祖の神前奉仕＝取次を継承し、教祖直信の高弟二代白神新一郎と近藤藤守は主として布教面の、また先述の佐藤範雄は教団設立のための国家との折衝に当たるという役割分担が出来上がっていったのです。

こうした金光教団に固有の組織的な重層構造が、九年十年事件においては、更に直接的な原因を成したといっていいでしょう。

そうした背景からして、また事件の経過からして、これを金光家の単なる内紛とみてしまってはいけないのですが、ここではやはり人脈的な背景を無視しては理解しにくい点もあるので、まず教祖以後の金光家の系譜を事件に直接関係するものに限って紹介し、事件に至るまでの経過についても、簡単に述べておくことにします。

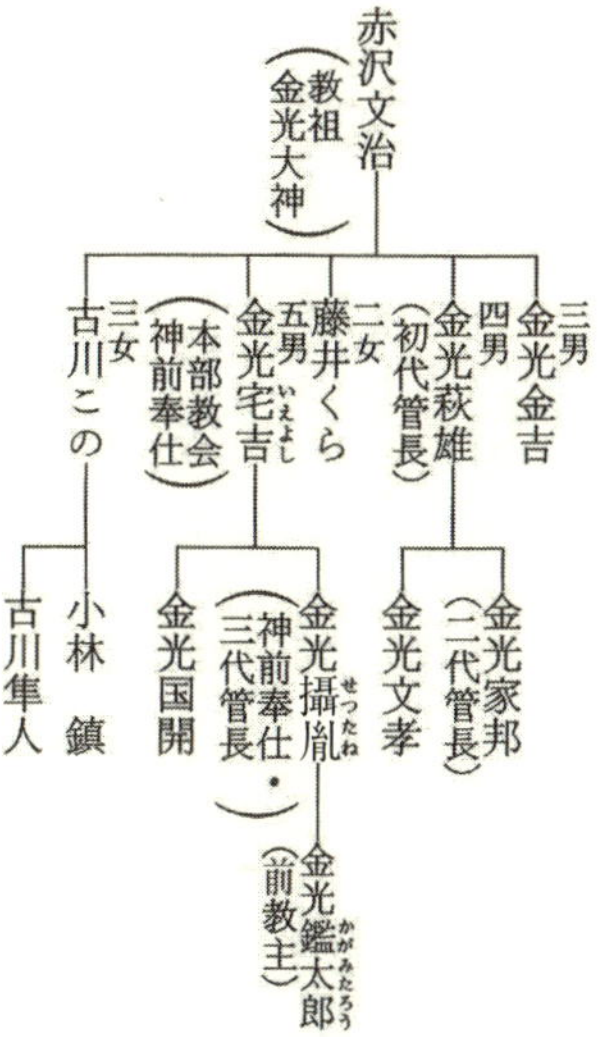

一九〇〇年の教団独立以後管長となった金光萩雄は、一九一九年に亡くなりました。その後は萩雄の長男家邦が管長を襲職し、他方、一八九三年に没した宅吉のあとを継いでその嫡子攝胤《せったね》が神前奉仕の任に当たり、副管長を兼ねて事件当時に至ります。俗世間的にはもちろん管長が最高の権威を担うものですが、教祖立教以来「難儀な氏子を取次ぎ助ける」神前奉仕が金光教の生命とされ、その取次の業に専念してきた宅吉・攝胤父子に教内の布教者・信徒たちの熱い信頼と尊敬が寄せられていったのは、当然の成り行きでした。これに対して管長父子はその分、信仰を守り

（21）以下この事件については、主として次の文献を参照した。高橋正雄『教団自覚運動の事実とその意味』（金光教北九州教務所、一九六七年）、金光教有志中央委員『井戸は清水になるまで』金光教有志中央事務所、一九三五年）、中川藤三郎編『立教の神意に聴く』（金光教青年会大阪地方連合会、一九三五年）、『金光教年表』（金光教本部教庁、一九八六年）

伝えていく責任者としての自覚を失い、徐々に教団を私物化しようとする方向に傾いていきましたが、それはちょうど、大正初期以来顕在化してきた教団組織と信仰の乖離を、金光家のレベルで反映したものであったともいえます。前述のように、一九一二年、大教会所造営にあたってそれまで管長家ほか個人の名義になっていた境内の土地を教団所有とし、維持財団を設立してそこで土地建物の管理にあたるという案が提出されたとき、一世管長萩雄が、別派独立以来金光家一族中から各教会長の選挙で選ばれることになっていた管長職を、一世管長家の世襲とすることと引き替えにこれを認めたという一件は、まさに管長専決体制の第一歩をしるすものとなりましたが、これを不満とする若手布教者らの運動が佐藤教監を辞任に追い込んだ後も、管長家の乱脈ぶりはとどまるところを知らず、人事権や財政権までも管長がほしいままにするという事態が、教師・信徒らの知らぬところでどんどん進行していたのです。

かくして迎えた一九三四年二月、第四九回の金光教定期議会は、日頃敬愛している「金光様」(攝胤)の神勤四〇年の労をねぎらう御礼文を決議し、同三月、教師有志も「御礼之会」を結成して感謝の意を表そうとしました。これに対して攝胤は、おそらくは管長家に対する配慮もあってのことでしょう、「自分は年限が長いというだけで特別の功があるわけではない。みんながたすかるのは神様のおかげだから、神様にお礼を言ってくれるだけで結構だ」とこれを固辞、御礼之会に結集した者たちは、それならばせめて信心の上で各自が行に励み、その気持ちを表したいということで、改めて「御礼信行会」を結成し、六月から八月にかけてこれを実施するということになりました。

ところで、当時倉敷の地方紙に『国粋新報』(月三回の旬刊)というものがありましたが、折しもその五月三〇日号に「大伏魔殿、金光教は蛇蝎の集団」と題して、御礼之会のこと、攝胤のことなどを口を極めて誹謗する中傷記事が載り、これが全国の各教会にもくまなく配送されるという事件が起こりました。驚いた教団の首脳部は、直ちにその出所を調べたら、なんとそれは管長家の指図によるものであり、すべて管長家から発送されていることが判明しました。当時の教監は管長家邦のいとこにあたる小林鎮が勤め、専掌（今日の部長にあたる）の任にはその実弟古川隼人ほか佐藤一夫、白神新一郎、畑一らがあたっていましたが、小林らはじめ、これが教団の内外に知れ渡ることを恐れ、極力幹部のレベルで収拾しようと、九月に至り小林が管長に諫言し、一〇月に四カ条の覚書を提出します。その四カ条とは、(1)大教会所広前奉仕の神聖不可侵（これは管長が攝胤の神勤を妨害するのを防ぐ措置）、(2)大教会所会計の厳正（これは一九二五年に炎上した大教会所再建のために信徒から集めた一四〇万円の献金をはじめ、諸会計が、家邦・文孝兄弟に握られていて使途の明瞭をまったく欠いていたことに対する措置）、(3)教監の責任制（これは管長の専決体制を改め、教監と議会の責任における教団運営の民主化を図る措置）、(4)金光家家憲の制定、の四カ条でした。これに対して管長ははじめ、攝胤に陳謝、遺憾の意を表明し、小林教監にも反省の色を示しましたが、一一月になって突如、小林は管長の面責を受けて古川とともに罷免され、事件の全貌はついに覆うべくもなく内外に知れ渡るところとなったのです。

いうまでもなく、教団の内部からは一斉に管長弾劾の火の手が上がりました。まず一九三五年一月、各教会長が教団浄化を叫んで「有志盟約」を結成、三月には青年会連合本部がこれに加わり、同年三月大阪地方の信徒を中心に「教団粛正期成会」が生まれ、四月には金光町で「全国青年信徒大会」、続いて「全国信徒大会」が開催され、管長に抗議、岡山市中をデモ行進して知事に陳情するという事態に発展します。これよりさき、和泉乙三ら議員有志をはじめ全国の教会長が、管長の辞職要求を掲げて一月頃より文部省に続々と陳情に押しかけていましたが、事態の容易ならざる推移に不穏の気配を感じ取った文部省は、さっそく調停案の提示による介入に踏み切りました。一月一九日付宗教局長の「金光教内紛につき指示せる制度改革案」がそれです。一八八四年の太政官布達第十九号（教導職ヲ廃シ教宗派ノ取締ヲ管長ニ委任ノ件）以来、管長への権力集中による教団支配の安定をはかってきた国家権力にとって、調停の目標が管長リコールの阻止にあったことはいうまでもありません。したがってその内容は、管長罷免の一点を除けば教師・信徒側の要求をほぼ認めた形のものでしたが、もはや管長辞任以外に道はないとする教師・信徒側はいうに及ばず、専決体制をあくまで維持しようとする管長側にとっても、この提案はすでに受け入れがたいものとなっていました。かくして、管長は二月一七日、弟の文孝を教監に据え、ますます対決の姿勢を強め、教師・信徒側も前記のように全教的な管長排斥運動を拡大していって、両者の抗争はいよいよ抜き差しならない泥沼に落ち込んでいったのです。

こうした中で、教師・信徒側の圧倒的な力の前に屈した形で管長辞任が実現するのはぜひとも避けたいとする文部省は、極力管長辞任を除く三項目の線に沿って収拾を図るべく、多久岡山県知事に斡旋方を命じ、多久は管長一派と佐藤範雄・小林鎮らを招致して協議を重ねた結果、ついに四月の下旬に至って、教監文孝の更迭と三項目の実現につき、管長の同意を取り付けることに成功しました。この間、斡旋案不履行につき、多久知事が管長を非難する談話を発表するなどのトラブルが相次いで起こっていますが、大本教などの「危険」な新宗教教団を踏み潰すことなど朝飯前の国家権力が、管長一人の駄々のために手こずっているさまは、彼らがいかに教派神道体制の維持に細かい神経を使い、管長体制の維持に重大な関心を払っていたかを如実に示しています。

その後、罷免された文孝の後任として教監の要職に就いたのは、最後の切り札ともいうべきかの高橋正雄でした。高橋と言えば、かつて教団の内部矛盾をいち早く察知し、その改革の急先鋒に立ち、信仰復活運動においても常にその中心にあって信徒たちの信頼を一身に集めていた人物でしたが、この運動に関する限り、彼は当初から第一線には立たず、一歩退いたところから事態の推移を冷静に見守っていました。もちろん、彼とても積年の弊たる管長専決体制を改める願においては切なるものがあり、これを成就するにはこの時を措いてはほかにないと考えていましたが、管長排斥を自己目的とした運動展開には疑問を持ち、三項目の課題を主体的に追求する方向で教団全体の民主化を図ることが本筋であり、そのためにも文部省＝国家権力の介入を極力避けて、かりそめにも権力の力で管長を解任させてはいけない（どのみち文部省にそのつもりがなかったことは明らかですが）と考えていたようです。

　こうした立場から、これよりさき、四月上旬に大阪で開かれた青年信徒大会でも、彼は「管長排斥、金光様擁護というのはおかしい。我々が擁護しなければならない程金光様は無力なお方ではない。管長が金光様を排斥するのは彼が信仰によって救われていないからだ。そのことによってわれわれも、教団の全体もまた救われていないのだ。それに本当に気付かされていくことが、この運動の真の意義なのだ」[22]という趣旨の発言をし、管長排斥で沸き立つ六〇〇〇余の聴衆に冷水を浴びせ、以後高橋変節の風評をまともにかぶっていたのです。したがって三項目を政治的妥協の産物と心得、事態収拾のみに力点を置いて管長排斥の矛を収めようとしていた有志盟約の中央委員（旧教団幹部中心）や一部の議員たちはともかく、なおも管長辞任に固執し、教監人事に反対を唱える多くの信徒たちと、いつま

（22）高橋正雄、前掲注21の著書、九九―一〇一頁。なお、その全文は「死んだと思うて欲をはなれて神を助け――てくれ」と題して、中川藤三郎編の前掲注21書にも収録されている。

た前言を翻すやもしれぬ管長、三原則の完全実施（＝管長体制維持の確認）まで監督の手を緩めない文部当局を相手に、高橋は全く孤立無援の状態で改革の難事に立ち向かわなければなりませんでした。

教監就任後の高橋の前には改革三原則の具体化、乱脈を極めていた教務、財政事務の引継ぎ、などの重要課題が山積していましたが、彼はあくまで文部省の介入を最小限に食い止め、教団自身の力で、したがって教団全体の合意によって事態の解決にあたることを必須の条件とし、文字通り寝食を忘れてこの難題に取り組んでいきました。事態解決の結果ではなく、そのプロセスそのものに運動の帰趨がかかっており、民主化の目的は何よりも民主的に追及されねばならぬというのが彼の一貫した信念でした。

当面する課題の中でも、とくに早急の解決を迫られていたのは、頂上会談でしか合意されていない改革三原則の具体化（法的手続きとしては教規・教則の改正）でしたが、そのためにはまず金光教議会での承認が必要であり、これを有効なものにするためには、それ以前に、一部の議員も対象となった事件発生以来の処分の取り消しを管長に認めさせなければなりませんでした。これは管長側の非を自認させることにほかならず、ほとんど不可能に近い事柄であると思われましたが、彼は終始毅然たる態度で交渉に臨み、それが管長の優柔不断にとどめをさす結果となって、処分の取り消しをかちとり、教規・教則の改正は無事議会の承認を得る運びとなりました。

これで法的手続きの問題としては文部省の認可を待つばかりとなりましたが、高橋はさらに、信徒あっての教団である限り、信徒の同意を得ずして事を運ぶわけにはいかないと、折から面会を求めてきていた三原則改革案反対の信徒代表に、それが信徒多数の望むところであれば、たとえ議会の承認を得たものであっても、文部省への提出はしない、早急に各教会長を通して反対意見を取りまとめて提出されたい、と申し出ました。そこで信徒代表はいったんひきとり、協議の結果、ここはとりあえず教監に一任しよう、ただし秋の教祖大祭が管長の主催で行われる限り、それには一切参加しないという決議をし、ここにようやくにして、二年に及ぶこの運動も、なお多くの課題を残しながら、一応の終息を見ることとなったのです。なお、大祭斎主問題は、高橋の説得により管長の譲歩するところとなって、この年の大祭は攝胤斎主により、かつてない盛会のうちに滞りなく行われました。とことん説得と納得によってことを解決しようとした高橋の姿勢は見事というほかはなく、「百日かけて審議したから」といって早々に重要法案の審議を打ち切ってしまうどこかの国の首相には、爪の垢でも煎じて飲ませたいような話です。

この事件は、そのかちとった成果もさることながら、事件の全体を通して、信徒の一人一人が教祖の信心の根本に立ち返って、自分一個の助かりだけではなく、教団全体の助かりを願う信心に目覚めさせられていった点に、教団史に即した最大の意義があったとみなければなりません。教団全体の助かりが人類全体の助かりというところまで行けるかどうか、そこに今日の課題があるわけですが……。ちなみに、この事件は教団内部では通常「昭和九年十年事件」と呼び習わされていますが、学院長や教監を歴任した和泉乙三が命名したといわれる「教団自覚運動」の方が、内容的にはふさわしいといえるでしょう。しかし、われわれ教外のものには「教団民主化運動」などの名称の方が理解しやすいかもしれません。

その後、一九三九年には、戦時体制に即応した悪名高い宗教団体法が公布され、金光教団もこれに基づいて新教規を制定することになりますが、法自体の反動的な性格を別にすれば、これは先の改革で残された課題を一気に解決するまたとない機会の到来を意味していました。そこで教団は、管長の世襲制をもとの選挙制に改めることなどを骨子とする教規草案をまとめて提出しますが、そこでも管長側の頑強な抵抗にあい、あわや公認取り消しという深刻な事態を迎えます。ここに至って再び全教団をあげて新教規実現の運動（こちらの方は「金光教新体制確立運動」と呼ばれた）に立ち上がり、ついに管長を説得して、一九四一年三月三一日、認可期限の最終日に、ようやく新教規による認可をかちとったのです。その結果行われた選挙で、晴れて攝胤が管長に選ばれたことは言うまでもありません。また、このとき、新教規に従って『金光教教典』の巻頭に、教団の根本義たる「立教神伝」が掲げられたことも、極めて意義深いことでした。

なお、宗教団体法による教規改正問題の段階で、文部省は一転して管長側に見切りをつけ、管長排斥、教団「革新」の信徒側を激励するという態度に変じています[23]。体制化したファシズムの質を考える上では興味深い問題だといえるでしょう。もちろんそれも、全教団の圧倒的多数の人々の結集があったからこそ可能になったわけですが。

(2)「新体制」の意味するものは

教派神道体制下の金光教については、まだまだ取り上げなければならない事実、究明しなければならない問題が少なくありませんが、一応以上の検討を踏まえて最後に若干のまとめと補足をしておきたいと思います。

これまで見てきた経過から、私たちはまず、教派神道体制下の金光教を内側から規定していたものが様々な位相で捉えられる二極的な構造であったことを改めて確認することができるでしょう。この構造は、一方から見れば確かに国家に屈服した教団首脳部が、究極的にはそれを強いた国家権力自体が生み出したものでした。しかし、他方から見れば、そのような国家の論理に容易に包摂されえない独自の領域を持った信徒の人々の信仰のしたたかさがこのような構造を支えていたのだともいえます。そのしたたかさとは、もちろん、民衆の自己解放（宗教的に表現すれば現世利益）への強い関心に根差したものですが、そこに民衆的「近代」を切り開く独自の方法的内実を与えたものは、いうまでもなく教祖金光大神の生神思想でした。そしてその思想が一本の赤い糸のように、取次の様式を通して貫かれ、それと矛盾対立するものとの緊張が自覚されるとき、あるいは大正期のデモクラシー運動のような、あるいは昭和期の教団民主化運動のような革新的な思想や運動を生み出す母体ともなったのです。このことは、教派神道体制下の民衆宗教は「国家に屈服した」という常識が打ち破られるためにも、ぜひ確認しておきたい点です。

しかし、その上で私たちはまた、この自己本位に徹したしたたかな信仰が、同じ構造の故に負っていた限界をも直視しなければなりません。すなわち、この構造の他方の極にある教団の国家本位のたてまえは、少なくとも日常的には、自己本位の立場が即時的な自己を突き抜けて国家を捉えることを妨げる重石として、あるいは安全弁として機能していたということです。例えばその最も象徴的な例を、私たちは次の事態のうちに見ることができるでしょう。

一九三七年、金光教本部から出版された『国民の進むべき道――国民精神総動員の為に』と題するパンフレットの中で、筆者は次のように述べています。「我が身も我が身ならず、我が事も我が事な

（23）「昭和十五年管長との折衝記録」（金光教教学研究所所蔵）参照。この手書きの記録の中には、文部省当局――との交渉の経過、双方の発言内容が詳細に記録されている。

らず、吾々の日夜営む一切がそのままお国の為であって、お国の為に我を捧げるということは、そのまま尊厳なる我が国体の中に我を生かし、天地とともに不滅不壊の生命を維持する所以であります(24)」。こうした類のパンフレットは、教団が独立した当初からのもので、先述した高橋正雄の筆になるもののように、いくつかの例外はあっても、そのほとんどは、このような国家本位の立場を基調としています。そうした意味では、別に驚くにはあたらないものですが、問題は、このような教義が、信徒たちの生活の場における信心の内容とどのような関連を持っていたか、ということです。

　結論から先にいえば、全くといっていいほど、両者の関心は断ち切れていたといっていいでしょう。例えば、ここに金光教徒社が一九二二年から三六年にかけて出版した「おかげ話」の教話集というものが七冊あります。「おかげ話」とは要するに、信者がその信心によっていかに救済されたかという、いわば現世利益の一々の事績を具体的に記述したもので、現場の布教師たちも生きた教義として、大いに活用したものと考えられます。その意味では、信徒の人たちの信心の在り方を知る上で、貴重な資料の一つであるといえるでしょう。いま、参考までに、一九三四年版の『神の恵み』と題するおかげ集の目次をそのまま紹介してみましょう。「貧、病、不安の底に悟る御神徳」「大松樹たおれてもお繰合せは広大」「お任せの信心に十年の持病全快」「都市交通地獄惨禍瞬間の救い」「網舟五十条全滅、大浪中の御めぐみ」「船は岩礁に微塵、死の底に大みかげ」「十七年来の苦患逆睫から救わる」「御教に導かれて楽に禁酒禁煙」「隣知らずの安産に御蔭の子女六人」「御神酒のみかげ、蓄脳《ママ》症の全快」「尿道深部のゴム管容易に取出す」「身心、学業に広大なるみかげ」。以下この種のおかげ話が延々と続いていきます。このように言ったからとて、私は、こうした現世利益の信心を馬鹿にしているのではありません。こうした日常的な難儀からの解放の願は、信心の究極の姿ではなくても、その重要な入口の一つだからです。ただ、時局柄を考えると、ここには「国体」の教義など入り込む隙も無いということに、改めて注目せざるを得ません。

一方では教団本部の獅子吼する「国家本位」の教義と、他方では同じ教団本部のもとに編纂された「自己本位」の教義が、鮮やかなコントラストをなして、見事なまでに無関係に共存しているのです。このような構造は、ファシズムを積極的に推進する「戦士」たちを生み出さない代わりに、国家や社会に対してはなすすべを知らない、無数の分断された「個」の群れを生み出しているのです。実はそのような仕方で、教団は国家と個人の関係を媒介し、そのような仕方でまさに体制を補完していたのです。そこに私は、大本や、ひとの道や、天理ほんみちなどの、国家によって弾圧された異端的な民衆宗教とは異なる教派神道に固有の問題の核心があるように思います。

その弱点を、私たちは、ほかならぬ九年十年の「教団革新運動」そのものの中に見ることができます。この運動が「教団」の民主化という点でいかに徹底したものであったかについては、先に見てきた通りです。そして、それが果たしえたのは、もちろん、彼らが、程度の差はあれ、教団に内在する矛盾をそれと察知することができたからにほかなりません。しかし、そのような矛盾の背後にあって、それを根底から規定しているものが、国家権力そのものであることを、彼らのほとんどはついに見抜くことができなかったのです。あるいは見抜いていても、高橋正雄のごとく、それを専ら信仰の次元で解決しようとし、またしうるものであると考えていたものもいます。いずれにせよ、そのことによってもたらされた結果は、単にこれが自己完結的な運動に終始したということだけではありません。

(24) 金光教本部『国民の進むべき道――国民精神総動員の為に』金光教本部教庁、一九三七年、一二頁。

そこに成った教団の新体制が、そっくりそのまま「さあこんどは国家への御奉公だ」という形ですっぽりと国家の唱道する「新体制」に組み込まれていったのを見るとき、私たちは改めて、教団が「独立」の代価として背負った公的立場に置ける「国家」の重みを感じずにはいられないでしょう。

結びにかえて

最後に私は、次のようなエピソードを添えて、ここでの結びにかえたいと思います。それは太平洋戦争もいよいよ戦局の転換を迎えようとしている一九四二年秋のこと、宗教紙『中外日報』に次のような記事が掲載されました「某宗教団体のいわゆる先生なる人が信者のお伺いに対して、わしの目の黒いうちは○○（大阪―筆者）には敵機が絶対に来襲しないと取り次いだといわれる。神のお告げなりと称して無知な信徒を迷わし、防空必勝の一億一心を妨げることは、戦時下まことに許すべからざる由々しき問題であり、当局の徹底的取り締りが要望される」（大意）。先生とは、現場の取次一筋に一生を捧げ、その篤い信仰と、人の難儀を見れば助けずにはいられないという人柄によって多くの信徒たちから慕われていた、当時大阪玉水教会長の湯川安太郎でした。したがって右の言葉も、信者を迷わす妄言というよりは氏子の難儀を助けることに専心してきた現場の布教師の心からの願が、そうした言葉になって思わず噴出したものとみられます。このとき、これはうっかりすると教団自体の命取りになりかねないと考えた高橋正雄は、さっそく幹部の一人大渕千仭を派遣して、言行に配慮あらんことを求めました。しかし、すぐにも了解が得られるとの大渕の期待に反し、湯川は一晩熟考の時を与えてほしいと願いました。そして、夜を徹して考え抜いたという湯川の返事というのは、「今日のような事態のもとでは、氏子が助かるためには国家が助からなければだめだということがやっと解った」というものでした㉕。

解釈のしようによってはいかようにも取れる微妙な言葉ですが、大渕をして自らの浅薄さと軽率さを痛感せしめ、湯川氏の信仰の本当の中身に触れる思いがしたというこの言葉は、おそらく「国家の難儀＝戦争をやめさせなければ、氏子の難儀は本当には救われない」という意味であったと、私は確信します。もちろんその時、国家は最早救いようのない破局に向かって突き進んでいました。しかし、私たちはこの湯川の言葉の中に、金光教が担ってきた泥まみれの「近代」の証を見ることができるのではないでしょうか。ただし、ここでは、人類の助かりという問題までは展望されていないように見えますが、身近な人の難儀にとことん関わることがわれわれの想像力と感受性を豊かなものにしてくれるとしたら、湯川にとっての大阪は、すぐに世界へ人類へと繋がっていく結節点でもあったように思われます。湯川の見果てぬ夢を夢で終わらせてはなりません。

湯川安太郎

（25）金光教本部教庁編『教団——その意義と働き』一（金光教本部教庁、一九六八年）一五—一九頁。

V

斎藤重右衛門のこと

——ある民衆宗教布教者のプロフィール

はじめに

斎藤重右衛門、またの名を又三郎といいます。幕末のころ、備中浅口郡大谷村の農民赤沢文治（のちの金光大神）によって創唱された金光教の笠岡教会を開いた人です。私が重右衛門のことを知ったのは、金光教に関心を持ち始めて間もないころのことでした。教団本部の刊行になる教祖の伝記『金光大神』[26]を読み進めているうちに、ふと目にとまった次のような記事が、なぜか私の心を強くとらえたのです。

> 重右衛門はまことに一本気な人であって、官憲の忌諱に触れること、前後二度にも及んだ。明治の初年、かの「金神社」の造営のあったとき、寄付札の境内に打たれてあるのをみて、金子大明神《こんしだいみょうじん》（神から授けられた当時の教祖の神号――小澤）の所為と臆断し、憤然として霊地を去り、後、ひさしく、その土をふむことがなかったのは、こころある人の惜しんで止まぬところである。[27]

むろん、これだけの記事では、教祖との間に具体的に何があったのか知るよしもありません。しかし、この伝記が随所に断片的に伝える重右衛門の横顔は、それだけでもこの人物の際立った個性を偲ばせるに十分なものがあったし、教祖の彼に寄せる信頼もなみなみならぬものであったことがうかがわれます。その彼が、なぜ忽然と教祖のもとを立ち去っていかなければならなかったのでしょうか。この疑問は、私の教祖金光大神への関心が深まりゆくにつれて、蔭のようにつきまとい、ふくらんでいきました。もちろん、胸に深い痛みを秘めて黙し続けてきた教団の「心ある人」たちの心情を思うとき、これは部外者が軽々に詮索すべき事柄ではありません。しかし、そこを突き抜けていかなければ教祖自身の信仰の中身にも本当に触れることができないのではないか。この思いを金光教教学研究所のT氏に打ち明けたとき、彼は自分の意見を言う代わりに、同じ研究所の一人の青年を紹介してくれました。斎藤東洋男氏、重右衛門の曽孫にあたる人です。笠岡はすぐ近くだから、ぜひ立ち寄ってください、という彼の好意に甘えて、私ははからずも、重右衛門の生地を訪ねることになりました。金光から笠岡へ向かう山陽線の車中、彼は窓から差し込んでくる吉備路特有の真っ赤に燃える夕日に頬を紅潮させながら、重右衛門の魅力について熱っぽく語ってくれました。その横顔に、在りし日の重右衛門の面影をまさぐりながら、私はいよいよこの未知の人物への思いが抑えがたく膨らんでいくのを覚えたのです。

笠岡での印象などについて語ることはここでの目的ではないので差し控えますが、そのとき、私は彼から金光教笠岡教会発行の重右衛門に関する伝記『笠岡金光大神』を頂きました。これは、戦前から金光教の研究に情熱を傾けてこられた青木茂氏の筆になるもので、その資料の扱いの綿密さといい、文章の味わいといい、伝記としてはまさに決定版ともいうべきものです。この伝記によって、私は重右衛門についての詳細を知りえたばかりでなく、心にくすぶり続けていたさきの疑問を解きほぐしていく、少なくともその糸口をあたえられたのでした。

しかし、私はその後も重右衛門に言及したことはありませんでした。それは、このような優れた伝記資料があり、それがすでに史家の目にも止まっていることを知ったからでもありますが[28]、それより、

(26) 金光教本部教庁『金光大神』金光教本部教庁、昭和二八年初版。なお平成一五年に、新版の『金光大神』が刊行され、今日ではこちらが正規の教祖伝として用いられている。

(27) 前掲『金光大神』一二六頁。

(28) 鹿野政直『資本主義形成期の秩序意識』(筑摩書房、一九六八年)一五八—一五九頁参照。

教祖とのいきちがいの経緯が、以前とはちがった意味で、私に多くの問題を投げかけ、それに十分こたえるだけの自信がなかったからです。そして、その事情は、いまも基本的には変わっていません。にもかかわらず、いま、ここにこうして重右衛門の横顔を、未知の人々に伝えたいと思うようになったのは、近時、民衆宗教への関心もようやく高まり、それぞれの教祖に関する優れた伝記類が数多く生み出されている反面、重右衛門のごとき優れた個性がサブリーダーのゆえに、あるいは平信徒のゆえに、人々の記憶からしだいに遠ざかり、歴史の闇に消えていくのを、いかにもいとおしく思われたからです。この点で、青木氏の労作は、残念ながら教団内資料の非売品として、ごく限られた人々の目にしか触れられていないことを付記しておかねばなりません。

もちろん、そのようにしてつつましく歴史のかなたに消えていった人々がそのことを無念に思っていたと考えるのは、死者への冒涜というものでしょう。あるいはまた、このような試みが、歴史の発展を支えているのは常に名もなき民衆であるということをおのずから語ることになったとしても、それがここでの目的なのではありません。私はただ、誰彼のためではなく、重右衛門をいとおしく思うその心を、懸命に生きて、つつましく消えていった人々への鎮魂歌として、書き残しておきたいと思っただけです。

以下、重右衛門について語ることの大半は、青木氏の『笠岡金光大神』に依拠しています。ただ、このような小編にまとめようとするとき、重右衛門の数ある事績の中で何を採り、何を捨てるかについては、むろん、私自身の選択意思がはたらいています。また、その評価についても、青木氏の見方と若干異なる部分があることは、いうまでもありません。私の拙い筆致は、青木氏の名文に及ぶべくもありませんが、せめて重右衛門の「詩と真実」が、誤りなく伝えられることを願うのみです。

1　生い立ち

備中笠岡は、一七世紀の末、真言宗の名刹大仙院の開基とともに、その門前町として発達し、一八世紀の末に幕府の代官所が設置されてからは、天領の回米積込みの港として栄えた町です。斎藤重右衛門は一八二三（文政六）年、この町（当時の笠岡村）の字宮地で農業を営む斎藤又三郎の次男として生まれました。母の名は久といいます。このあたりではかなりの資産を誇る由緒ある家筋であったといいますが、記録類に乏しいため、その農家としての位置を確認することはできません。ただ、一八七二（明治五）年の壬申戸籍に、母久の実家がタンス職人であると付記されていることから、由緒ある家筋といってもせいぜい「高持百姓(29)の程度」だったのではないか、と青木氏は推定しています。

幼少時の重右衛門についてはほとんど書き残されたものがなく、わずかに次のような言い伝えをもって推し測るほかはありません。すなわち、彼は「友達と喧嘩をしても、いつも弱い者の方に加勢した。また、いたずらをしてはよく父親から叱られたが、そんなとき、ことによって父親が手など振り上げることがあると、逃げ出すどころか、かえって父親の側へすりより、〝打つなら打ってみい。いまは小さいから負けておるが、その代わり覚えておれ。大きくなったら、仕返しをしてやるから〟というような、とてもきついところがあった」（伝記資料）。この種の言い伝えは、青年期以降になると、さらに豊富に見出され、その彩も一層鮮やかなものとなります。たとえば、彼がしばしば人に語ったという次の言葉などは、その剛毅な気性を語って余すところがありません。「わしが朝起きて

(29) 江戸時代、田畑・屋敷を持ち、年貢・諸役の負担者として検地帳に登録された農民、いわゆる本百姓のこと。

向こうの山をにらんでやると、山がじりじりとあとすだりをするがやあ」（伝記資料）。しかし、彼にはまた、ひとたび自らの非に気が付くと、相手が誰であれ、涙を流して無条件に平伏するという赤子のような素直さがあった、ともいいます。この剛毅とこの素直さは、共に彼の天性ともいうべき純粋な魂にのみ宿りえたものでしたが、後年、彼が担うところとなった数々の栄光と悲惨もまた、すべてこの魂のゆえにもたらされたものでした。

このようにのびやかな幼年時代を過ごしたとみられる重右衛門にも、やがて最初の試練のときが訪れます。どのような事情によるものか詳らかではありませんが、一三歳のとき、彼は播州高砂町の舟持ちの家に養子にやられることになったのです。舟持ちというからには当然、彼も船に乗りこみ、荒くれ男たちにまじって激しい労働に従事したにちがいありません。そのことには耐えられても、親元を遠く離れての生活は少年の身にはよほどこたえたのでしょう。三年足らずして、彼はとうとう親の許に帰ってきてしまいました。

その後二、三年彼は家の百姓仕事を手伝っていましたが、もちろん、中程度の農家にして次男坊に土地を分けて与えるほどの余裕などあろうはずがありません。そこで適当な奉公先を探していたところ、同じ笠岡の町で酒や醤油、綿に肥料など手広く扱っている住吉屋という店に小僧の口があり、早速この店に住み込むことになりました。重右衛門一九歳のときです。さきごろの離縁を自らの身勝手と思い、両親に相済まなく思う気持ちが重右衛門をかりたてたのでしょう。彼はもうあとには一歩も引けぬという覚悟で懸命に働きました。その当時の働きぶりについて、重右衛門はのちに次のように述懐しています。「一生懸命根かぎり働いて、店の儲けがあった日には、思う存分、両手両足をのばして眠ることができた。また反対に働きの足りぬ日には、これでは今日は主人の脛かじり、お給銀だけにもようせなんだ、済まんことであったと、ろくろく足をのばして寝る気にもならなかった。その当時の給銀が、食事付きで一年二百七十目、日割りにすれば一日七分何厘、その上に食事の入用がいくらいくら、と荒荒計算をして、御主人大事、お店に損をかけぬように、こまかいところまでも気をつけて、万事に心をくばり、身を粉にして奉公した」（伝記資料）。このような働きぶりと、何よりもその実直さが主人の認めるところとなって、彼はほどなく番頭に、そしてついには大番頭に取り立てられることとなります。懸命に働けば必ずその報いがあるという確信が、彼に大きな自信と誇りを与えたことでしょう。

しかし、このような責任ある地位に立たされてみると、次第に商売の裏が見えてきます。日ごろ敬愛していた主人も商売のこととなると、案外我欲の強い人であることが分かってきました。ある日のこと、重右衛門は浜の倉庫へ肥料の検分に出かけました。ちょうど沖仲仕たちが肥料を俵に詰めているところでしたが、よく見ていると、彼らは肥料に土を混ぜて量を増やしているではありませんか。驚いた彼はさっそく彼らをとがめました。すると彼らは口々に重右衛門の了見のせまさを難じ、住吉屋の主人も、「うちの番頭はゆうずうがきかんで困る」とこぼしていることを明かしました。日ごろ忠勤にはげんでいる主人から、そのようにみられていることを知った重右衛門の衝撃はいかばかりだったでしょう。すでに、商売が自分の一生をかけた仕事としてふさわしいものかどうか思い悩んでいた重右衛門にとって、この事件は決定的でした。そして、あれほど不退転の決意でのぞんだ商人への道を、彼は六年あまりで断念し、深い傷心を抱いて再び実家の門をくぐったのです。

さて、家に帰れば、父母はともかく、女房子持ちの長兄にとってはお荷物とならないはずはありません。しかし、それも承知で帰ってきた重右衛門にはもちろん、深く心に期するものがありました。

自然を相手の百姓仕事はどんなにつらくても人を裏切ることはありません。それに、自分の体の中には、やはり土に親しむ百姓の血が流れています。当分、本家の厄介になることは心苦しいが、本家の仕事の合間に、日雇いもしよう、小作もしよう。そして、石にかじりついても、自分の力で一人前の百姓になろう。そのような決意が、すでに彼の心の中で固まっていたのです。ここでまず注目しておきたいのは、彼のこのような転身が、自らの職業に対する厳しい倫理性の追求を、直接の動機としていたことです。このような厳しい職業倫理は不幸にして商業の道では生かせないものとなりましたが、それはやがて、新しい民衆宗教の担い手としての重右衛門を育むものとなっていきました。今日のいわゆる「新新宗教」が、現代人の不幸の因を、人間性そのものにではなく死霊・悪霊の障り祟りといった超常現象に求め、マスコミ「文化人」らもそれを「世紀末だ、終末だ」ともてあそんでいるとき、重右衛門の内省的な自己確立の意味を深く味わってみたいものです。

こうして一文無し、寸尺の土地をも持たぬ水飲み百姓から身を起こした彼は、粒粒辛苦の末、ようやく小田郡富岡村小野彦四郎次女ツジを迎えて、ささやかながら本家の敷地内に一戸を構えるまでになりました。このとき重右衛門はすでに二九歳でした。しかし、妻を迎え、一戸を構えることが、村人と対等の付き合いができる最低の条件であった当時、彼が自分でそこまではい上がることのできた喜びは、われわれの想像を超えたものであったにちがいありません。この間の彼の苦労、その後の土地集積、経営拡大の過程などについて、重右衛門の甥にあたる斎藤茂一（のちの金光教大洲教会長）は、次のように伝えています。

途中百姓といわれたのでは、なさけない。ほんに寸刻を惜しむというか、骨身をさくというか、爪に火をともすような倹約をして、風呂にもゆかず、夏冬通して水行水で済ますような苦行をされた。そこでやっとこさで、八幡さんの上に七、八畝の畑を買いいれた。俗に、この畑を風呂銭畑というたが、決して笑い話なぞではない。それから後、夫婦共稼ぎがはじまったが、わずか二十年足らずの間に無高の小作百姓から、笠岡の町では有数の地主百姓となった。たとえば昔の製糸場の前の田は、真っ角な一反六畝の一枚田であったが、これも自分のものにした。この立派な一枚田は後に、笠岡ラムネから無理にたのまれて、六千五百円で売り渡した。今度はその金で、小田の田、一町ばかりを手に入れた。尚また、郡役所下の一枚畑九反弱《ママ》（一枚畑で九反は広すぎる。九畝＝二七〇坪の誤りか―小澤）、あるいは宮地峠にも、田畑山林山藪など何町歩という田畑もちになり、押しも押されもせぬ立派な百姓になることができた。そんなわけで、ある八卦見は、これが商才をもったら鬼に金棒、渋沢（栄一）さん[30]とついだ、と言うた。そのうち安政三年には精一師（重右衛門の長男で笠岡教会第二代教会長）が生まれ、何不自由のない暮しができるようになった[31]。

断片的な記憶をたどったものだから、事実関係についてはもちろん、正確を期することはできませんが、ここで注意をひくのは、文字通りの無一物からついに有数の高持百姓にまではい上がった重右衛門の過程が、同じく二反百姓から身を起こして苦労を重ね、のちに相当の家産をなすに至った教祖金光大神のそれと酷似している、という点です。このような背景は、後の二人の運命的な出会いや、成立期金光教の「農民的」性格を考えるとき、示唆するところが少なくありません。

（30）埼玉県生まれの実業家。幕臣から身を起こし、維新後第一国立銀行を設立。各種の会社設立に参画し、実業界で指導的役割を果たした。

（31）青木茂『笠岡金光大神』（金光教笠岡教会、一九五五年）一七頁。

2　道を求めて

さて、私はいよいよ重右衛門の信仰について語らねばならないところに来てしまいました。話はやや本題からそれますが、かつて私が民衆宗教の問題に心惹かれて、それを研究の対象に引き据えようとしていたとき、敬虔なプロテスタントとして知られる恩師のT教授が、さる高名な宗教学者のことについて触れながら、「宗教を信じないものが、宗教のことを本当に分かることはできない。それは宗教を学問の対象とする場合も同じだ」と言われたことがあります。それは宗教を否定はしないが、さりとて特定の信仰を持つことも潔しとしない私への「警句」とも「挑発」とも聞こえました。この師の言葉の中に争い難い真理が含まれていることを感じながら、今もってそれに反発し抵抗し続けている私ですが、そのような限界を認めながら、あえて信仰の領域に踏み込んでいくことを、重右衛門は許してくれるでしょうか。

結婚後二年をへた一八五三（嘉永六）年の正月、重右衛門をいつくしみ育ててくれた父の又三郎が「鼻の口に粟粒位のできもの」ができて病床につき、一週間ほどであっけなくこの世を去りました。寿命とはいえ、若いころから心配をかけ通してきた父親との別れは、重右衛門にとってことのほかつらくて切ないものであったにちがいありません。だから、父が発病と聞くが早いか、彼はあちらの寺院、こちらの神社と駆けずり回り、一心に回復を祈願しました。厳寒の外気に身を晒して水垢離も取りました。それまでさして信心深い方ではなかった重右衛門が、ここで初めて神仏の力を頼んだのです。そして一切の試みが空しいものとなったとき、彼は深い悲しみの中で、神仏の無力を呪わずにはいられなかったことでしょう。しかし重右衛門は、そのことがかえって神の真実に近づく一歩となることを、このときはまだ知るよしもありませんでした。

父の死後間もなく、兄の相続を機会に、彼も分家・独立を果たしました。少しずつではありますが、田畑も増えました。困っている人にいくらか融通ができるほどの小金も残るようになりました。そして、万事が事もなく順調に運んでいくかに見えたころ、彼の前に再び厳しい試練のときが訪れます。はっきりと年代はわかりませんが、このころ、前後三年余にわたって、彼は幾度となく重い眼病に見舞われるのです。病名ははっきりと分からないのですが、しまいには失明の危機にさえ及んだといいます。しかし、父の病死の際の無念さが、まだ心に深く刻み込まれていたからでしょうか、相変わらず向こう気の強い重右衛門は、あえて神仏にすがろうとはしませんでした。

彼の神仏に対する不信を物語る言い伝えは少なくありません。たとえば、夫人が夕餉の仕度で手が放せず、神棚に燈明をあげてくれるよう頼んだところ、彼は「忙しいのなら、お燈明などあげんでもよい。わしは煙草をのんで疲れをなおしておるのじゃ。明日の稼業が待っておる」（伝記資料）といった調子です。あるいは、本家の兄が彼の激しい気性を思い遣って、「もう少し気をやわらかにもつよう稲荷のお告げがあった」とさとすと、「その稲荷というのは、どこの稲荷じゃ。笠岡の港の西に、元、野狐がおったが、そいつじゃろう。最近京都へ行って、位をもろうて戻って、正一位六道稲荷というておる。兄貴は毎夜どこへ行くのかと思うておれば、あのくうくい狐へ詣っておるのか。とんでもないことじゃ。あの稲荷狐より、われわれ様の方が、どれだけ尊いものか。人は万物の長という。天照大神の御末である。人間様が野狐に頭を下げるとは、もっての外じゃ」と悪口を並べ立てる。彼が農作業の途中、急に気分が悪くなって、心配した叔父が近くの浅倉稲荷へ駆けつけ、それは彼の不信心に対する「お行儀」（罰）であるとのお告げを頂いて帰ると、「わしは百姓をしに来ておるのに、仕事をするものに祟り障りをするとは不都合千万。そのような無法の神なら、あって益なし。そのままにしておけん。早速にも行って打ち毀してやる」(初代断片資料)と、すごい見幕でくってかかる。万事がそのような次第でした。

こうした事例の中に私たちは、彼の激しい気性と、単なる不信心を見て取るだけでは十分とは言えないでしょう。ことに、周囲の人たちが、彼の不幸をその不信心に求めてたしなめようとするとき、とりわけ彼が激しく抵抗したということは注目に値します。苦しいときのみの神頼みが聞き届けられないものであることは、彼にとってすでに証明済みのことでした。とすれば、彼が争っていたのは、神そのものであるよりも、そのようなご都合主義の身勝手な人間の精神、そのような人間の側の神の捉え方そのものだったのではないでしょうか。さらにいえば、そのような形で、彼はむしろ真実の神の姿を捉えようと、もがいていたのだとも思われます。そして事実、彼はほどなくもう一度、神と向き合わなければならない時を迎えます。

重右衛門が眼病を患って三年目のある日、一向に治る気配のない病状に、かかりつけの医師はついにサジを投げ出し、備後の中津原に評判の医師がいるから、あとはその医師にでもみてもらうほかはなかろう、と告げました。このころ、彼の目はすでに、医師の差し出す青々とした芋蔓の葉もそれと見分けることができないほどに悪化していたのです。いまはまだ頑是ない子供を抱え、このまま盲目となってしまったらと、さすがの重右衛門も、今度ばかりはひどく落胆して、悶々の日を送るようになりました。しかし、じっとしていても不安はつのるばかり。さりとて、中津原の医師にくらがえする気力も今はなく、ただ苦しみに身をうち任せているうちに、彼はやはり、大いなるものの御手にすがるより救いようのない自分であることを、徐々に思い知らされていったのです。しかし、神だ仏だと名のつくものは五万とある。一体どの神に、どの仏にすがったらいいのか。ともかく神様にはどうも縁がない。されば、弘法大師様にでもすがり頼もうと心に決めた重右衛門は、ある日、床の中でひそかに念じました。

弘法大師さま。あなたと見かけて難題かけて申しわけございませんが、私は、まことに不信心ものでござります。このたびの眼病では、とうとう医者には手をきられ、どこの神様に頼ろうにも、ご縁がございません。というて子供は小さいし、死のうに死なれません。いまさら按摩をするのも心外でございます。どうぞもう一度、清眼にしてやって下さいませ。ところでおはずかしいことではございますが、私のような不信心ものでござりますからたとい清眼にしてもらったからといいましても、いついつまでも、信心ということは、よう致しますまい。まことに身勝手な信心ではござりますが、わたしは、うそを言うのは嫌いでござります。只今、もっともらしいことを申しましても、後日に至り、よう信心いたしませんでは、却って御無礼にあたります。うそをついて神仏ににらまれましては、大変です。こちらはなまみの身体、お叱りをうけたのでは、立ちゆきません。今日から三七日の間、精進をいたし、光明真言を唱えますから、どうぞもう一度、晴眼にしてくださりませい[32]。

いかにも重右衛門らしい願い方です。こうして来る日も来る日も一心に願いをくり返しているうちに、不思議にも、薄紙をはがすように、身体のおとろえが回復していって、しまいには目もいくらか見えるようになってきました。そのうち、同じ笠岡の町内で油商を営んでいる知人が見舞いにきて、

(32) 同前、三四―三五頁。

あなたの眼病については私も心配で、ひそかに伊予の石鎚さんに願かけをしていた、といいます。かつての重右衛門であれば「よけいなことをする」と、たちまち腹を立てたことでしょう。しかし、あれほどの難病から救われたのはお大師様への信心のおかげと感謝の日々に明け暮れていた彼は、知人の思い遣りを素直に喜び、「そのようなおかげも頂いていたとは知らなかった、すぐにもお礼参りにいかなければ」と、病後の身体を気遣う家族のものをなだめて、どうにか無事に石鎚参りを果たしました。また、その翌年には、かんじんのお大師様にも御礼を申し上げねばと、四国の札所巡りにも出かける重右衛門でした。しかし、私には、このときの彼にとって、それがお大師さんであり、石鎚さんであるということは、さしあたり特別に意味のあることではなかったように思われます。ただ、重病の床にあって、信心の目を開かせてくれ、そのうえたっての願いを聞き届けてくれたものが確かに存在するというそのことが、彼にとっては何よりも重大なことであったとみるべきでしょう。そのものが何であるかは、まだ彼の目には見えていなかったのです。しかし、間もなく彼は、そのものとの出会いに導かれます。

3　出会い

一八六一（文久元）年三月、再度の四国巡礼から帰ってみると、驚いたことに夫人のツジが産後の血の道（産褥時、月経時、閉経期などに現れる頭痛・めまい・発汗などの症状）で床についていました。早速、医師を頼み、色々手を尽くしてみましたが一向に良くなる気配がありません。それどころか、しまいには神経も過敏になり、隣近所の物音にも苛立って、じっと寝ていることもままならぬ状態になりました。折から農繁期に向かって病人の世話だけに明け暮れているわけにもいきません。そこで重右衛門は、朝早くから病人を背負って物音のしない静かな離れ家に連れていき、日中は妻の分まで働いて、仕事の合間には薬を煎じて飲ませ、日がとっぷり暮れてからまた妻を背負って家に帰るという毎日が続きました。それにしても、広くてがっしりした背中に妻を背負い、いくぶんはずかしそうにうつむきながら村の道を歩いていく重右衛門の姿が目に浮かぶようです。ふたりの心中はもちろん切ないものだったでしょう。しかし、この姿の中に自ずとにじみ出てくる夫婦の温かい情愛は、ともに野良に出て働き、喜びも悲しみも同じように分け合ってきた彼らにして初めて味わうことのできたものに違いありません。

ところで、いま「広くてがっしりした背中」と、見てきたようなことを言いましたが、これは嘘ではありません。次の写真をご覧になれば納得されるでしょう。この写真は晩年近くのものですが、いかにも骨太のがっちりした体躯は、まさに労働で鍛えた農民のものです。やや大ぶりの顔は肉付きはいいが、いかにも精悍です。太い眉の下にかすかに笑みを浮かべている澄んだ目は、優しさの中に不屈の意志をたたえています。私の好きなポートレートのひとつです。

斎藤重右衛門

閑話休題。このような重右衛門の手厚い看護にもかかわらず、夫人の容態はいよいよ悪くなるばかりで、その年の八月、医師はついに最後の宣告を下しました。そのとき、夫人は苦しい息づかいの下から、重右衛門に向かって言うには、「これまでにしてもろうて、介抱に申し分はございません。いつ死にましょうとも、さらさら不足はございませんが、最後にたったひとつ無理なお願いがございます。このごろ、大谷の金神様がごはっこうでご利益が多いと聞いております。一度そこへ参詣して、お願いしてみてくださいませんか」というのです。

これをきいた重右衛門の心中を、青木氏は次のように書いています。「さて、困った。そこである。また神さんへ頼むのか。自分のことで、いい加減無理もいうたし、頭も下げた。もうこれ以上頭を下げるのは、閉口である。年びゃく年中頭の下げどおしで、頭の上がる時がない。もともと、ひとに頭を下げるのが大嫌いな性分、あまりの辛さに頭は下げたこともあるが、もうあれで、頭を下げるのは払い下げにしてもらいたかった。しかし、永年苦労をさした女房のこと。しかも永い月日を介抱して喜ばしてきたのに、神さまへ頭を下げるのが嫌いじゃ、といいでもしようことなら、今までの自分の苦労が水の泡になる。それかというて、女房のいいなりのままにお詣りすれば、世間の人からは、女房に甘いと笑われる。お詣りせねば、女房に怨まれる。全く進退きわまった」[33]。これが本当に重右衛門の心中であったかどうかは分かりません。ことに信心という点についていうなら、私はこのころの重右衛門はもう少し積極的であったように思われます。しかし、青木氏の筆致のなかにも捨てがたいリアリティーを感ずるので、そのまま紹介しました。併せて青木氏の文章の香りを少しでも味わって頂けたらと思います。

かくして、翌朝、重右衛門はとるものもとりあえず、早々に家を立ちました。笠岡から大谷までは距離にして一二、三キロ。初めは途中の鴨方辺りで時間をつぶして帰ってきて、いかにも参ってきた、お願いしてきたといえば気も安まるだろう、と考えていたようです。しかし、もう少し、もう少し、と歩いているうちに、とうとう大谷まで来てしまいました。来た以上はままよと、彼は勇を鼓して教祖の広前（神前奉仕の場）の戸口に立ちました。折から教祖は二人の信者に語りかけている最中でした。

「……とかく信心は誠の心で、親に孝、人には実意丁寧、家業大切に、神仏を粗末にせぬように。たとえ小神たりとも、災いは下からということがあるから、何れの神仏も粗末にしてはならぬ……」(伝記資料)。

これは教祖の数ある御理解(信者の願いに対して神の意志を取り次いだもの)のなかでもとくに際立ったものであるとは私には思えません。然し重右衛門にとって、この言葉は一つ一つ腹の底にしみわたり、「さても、われという人間は、なんというあさましい人間であったろうか」と、恥ずかしさと済まなさが胸にこみあげて、ひとりでに涙が湧いて出たといいます。教祖の短い言葉の端々にも胸を打たれるほどに実は、彼の真実を求める気持ちが心の奥底で高まっていたのだ、とも言えるでしょう。ややあって、重右衛門は涙のあとをぬぐい、教祖の前にぬかずいて願いの筋を明かしました。すると教祖のいうには「三日の間におかげがあれば、全快になろうが、それまでにおかげがなければむつかしい。いかに神が助けてやろうと思うても、この病人は根と精がつきておる。根と精との切れたものは、神の力にも及ばぬ」ということでした。私は、理性的には根拠のない話だと思いますが、このとき、教祖の人を助けたいという願いと、重右衛門の妻を助けたいという思いとが響きあったのだろうと推察します。

とはいえ、いくらか気落ちして家路についた重右衛門でしたが、帰宅して大谷での一部始終を話すと、夫人は大層喜んで、夫の親切に感謝の意を伝えたといいます。そしてあくる朝、病人がいうには、毎晩寝汗が出て困っていたのに、昨晩はどうしたことかちっとも寝汗が出なかった、と。そしてその

(33) 同前、四一—四二頁。

次の朝も。これも理性的にはうけがい難い話ですが、世の宗教学者はいざ知らず、私はこうした場合、当人がそうと思っていることまでは否定しない、という立場をとることにしています。

それはともかく、重右衛門は、これこそ教祖のいうおかげのあらわれならんと、すぐさま大谷へ飛んでいってかくかくであると伝えました。すると教祖は「少しでもよろしいといえば、神のげん(験)にちがいない。本気で願えばそれだけのげんがある。まかし切り、頼み切ったからには、何も言わぬのが本筋。それに、ええぞ、悪いぞの文句をつけるのは、まことの信心ではない。この氏子は、生一本で直《す》ぐいから、よもやおかげをとりはずすようなことはあるまい。それを楽しみに思い、一心に信心をせい」と、重右衛門を励ますのでした。

その後、夫人の容態が日増しに好転していくので、この分なら毎日でもお参りをしておかげを頂こうと、足しげく大谷詣でをくり返していると、教祖は、もう毎日参ることはない、家業も忙しいであろう、病人も心細いであろう、この方の教えは表行《わぎょう》や苦行ではない、家業の行だ、と諭しました。しかし、それではなかなか気が済みません。せめて雨の日ならば家業に差支えることもあるまいと、今度は雨の日を待ちわびるようにして教祖のもとへ飛んでいく重右衛門でした。そのひたむきな態度に深く心を打たれた教祖は、ほどなく重右衛門に、「笠岡の氏子は、なにからなにまでよう行き届く。……これまで沢山のものが詣ってきたが、この氏子のようなものは、一人も詣ってこぬ。神も頼りにする。どうか神の片腕になってくれ」(伝記資料)と頼みました。これを聞いた重右衛門は、「わしのような詰まらぬものを頼りにするとは何たることか」といぶかりましたが、日ごろ敬愛してやまない教祖のたっての願いとあってみれば、むげに断ることはできませんでした。こうして、いよいよ重右衛門は、教祖の取次の業をたすける新たな根拠地を、笠岡の地に築くことになったのです。彼が初めて教祖の門をたたいてから、わずか三ヶ月の後、一八六二（文久二）年の正月のことでした。

もちろん、この過程で重右衛門は、教祖の信仰の核心にどんどん引き込まれていったことでしょう。いかに重右衛門の道を求める心が高揚していたにしても、それを引き出してくれたのはやはり教祖のたぐいまれなる人格であり、道を求めるものの琴線に触れるその教えでした。とすればここで、そもそも教祖が切り開いた新しい教えとは一体何であったのか、という点にいくらかでも触れておかなければなりません。

教祖金光大神は、一八一四（文化一一）年、備中浅口郡占見村の貧しい農家の次男として生まれました。重右衛門より九歳年上という事になります。一二歳のとき、隣の大谷村の、やはり貧しい百姓家の川手家に養子に入り、持前の勤勉さで家運の挽回につくしました。そして、ようやく安定した生計が立てられるようになったころ、愛児を次々に失い、自らも大病の床につくという不幸に見舞われて、次第に信心の目をひらいていきます。当時この地方で最悪の祟り神として恐れられていた金神への信仰によって自らの苦難の意義を問い詰めていった彼は、神へのあらゆる呪術的な強制が、神の意にかなったものではないことを、まさに神の声として聞くという体験によって、まったく新たな信仰の境地に到達したのです。

氏子に災いをもたらすことが神の願いであろうはずがない。その神の真意をはかろうともせず、浅はかな呪術的強制によって災いを免れようとする。そこにこそ人間の果てしない不幸の原因がある。実は諸々の災難も、それによって人間を目覚めさせようとする神の深いはかりごとに違いない。そのようにしてでも可愛い氏子を救いたいというのが神の本当の願いなのだ。このような信仰に導かれていった教祖は、まさに神の愛にすがり切ることによって、かえって俗信の呪縛から自らを解き放ち、状況を主体的に切り開いていく真に自由な人間として甦ることができたのです。このように神の愛によって生かされて生きる、神の愛を自らの生活のなかで証していく、そうした人間の在り方を、彼は「生神」という言葉で表現しています（私自身は「生きた神」というより「神の働きが生きている」「そこに神が生まれる」という教祖のニュアンスを生かすためには「き」という送り仮名を入れて「生き神」とした方が良いと思うので、私の文章の中では「生き神」としています）。表行よりは心行を、そして何より家業を大切にという教祖の教えも、この生き神観に照らしてみるときはじめてその奥深い内容を知ることができるでしょう。その他、のちの「御理解」の中に見られる諸々の開明的な思想、俗信俗説への大胆な批判、天子も人間だと言い切る徹底した人間平等観、女性へのいたわりと尊敬の念に見られる深い人間愛、政治権力に対する宗教的価値の独自性の認識等々も、このような「生き神」の思想を媒介することなしには生まれえないものであったと思われます。

かくして、一八五九（安政六）年の秋、「世間になんぼうも難儀な氏子あり、取り次ぎ助けてやってくれ」という神の願いに従って、教祖はいよいよ民衆の救済者として立つことになったのですが、重右衛門が教祖の門をたたいたのは、それからわずか二年後のことでした。重右衛門と教祖との出会い、それはまた、あとで述べる教祖との不幸な別れによっても揺らぐことのない、真実の神との出会いだったのです。

4　苦難

笠岡に神の出社《でやしろ》が開かれてからほどなく、夫人のツジが教祖の広前にお礼参りに出かけました。それと前後して、重右衛門も何かのお礼の意を表したいと教祖の広前を飾る幕をこしらえ、沢山の信者を引き連れて参拝しました。途中は伊勢参宮を思わせる賑わいで、沿道の村人たちが見物に飛び出してくるほどの豪勢なものであったといいます。教祖の困ったような顔が目に浮かぶようです。ところが、折から教祖の広前の賑わいを妬み、その俗信批判に脅威を感じていた近在の修験者の内、小坂村の蓮行院なるものが、邪教の禁令を盾に大谷村庄屋小野四右衛門方に金神信仰差し止めを訴え、広前の供物を残らず持ち去ってしまいました。これを伝え聞いた重右衛門はすぐさま別の幕を新調し、またまた大名行列よろしく大谷へ繰り出したのです。万事に控えめであった教祖は、いたずらに修験の徒を刺激するような重右衛門の派手派手しい振舞いに、さぞかし困惑させられたことでしょう。しかし、そうした形ででも、自分の喜びを精一杯表現したい、教祖の広前をいやが上にも賑々しくしてあげたいと、一途に思い込んでいる重右衛門の邪気のない姿も目に見えるようではありませんか。もちろん、教祖とて、そうした重右衛門の純情を、一方ではこよなく愛していたに違いありません。教祖ばかりではなく、彼に取り次ぎを願ってやってきた人たちも、一たび彼の魂に触れると、たちまちその心を開いて、この道の人とならずにはいられないのでした。

こうして彼は、教祖をして、今やその方は神の両腕、西三十三国の道は笠岡が開く、といわせるほどに厚い信任を得て、ひたすら取次の業に励みました。そして明治維新の前後になると、笠岡の教線はとみに拡大し、その広前の賑わいも、一時は大谷をしのぐほどであったといいます。現在笠岡教会に残されている明治元年以降の「御祈念帳」によって青木氏が集計されたところによると、たとえば一八六八（明治元）年の笠岡への参拝者総数は一九〇四七人、一日平均五二人もの多くを数えています。もちろん、重右衛門はそのような赫々たる「戦果」を自らの功として教祖を軽んずることなどは思いもよらぬことでした。それどころか、少しでも自らの信心が進まぬと思えば、常に教祖の門をたたいて教えを請うたのでした。教祖もまた、その篤信ぶりをたたえ、一八六八年の秋、神命によって、彼以外には類例のない「笠岡金光大神」の神号を贈って、その労に報いたのです。

このように見てくると、いかにも順風満帆、前途洋々の感がありますが、もちろん、彼の生きた時代は、民衆が創唱した新しい宗教に対して、それほど寛容ではありませんでした。天理教の中山みきをはじめ、大本教の出口なおも、丸山教の伊藤六郎兵衛も金光教の金光大神も、およそ民衆宗教の教祖にして、その布教が、権力による、或いは守旧的宗教勢力による何等の妨害もなしに行われたためしはありません。重右衛門もその例外ではありませんでした。その最初の受難は、一八六三（文久三）年に起こっています。

このころ彼は、取次による救済のほかに、物的な救済をも信仰上の使命として、いわゆる陰徳をつんでいました。その間の事情を彼自身は次のように語っています。「神さまは、氏子の病気、苦痛、災難を助けてござる。わしにはその力がない。お取次ぎをさしてもらうものとして、もっと、もっと、本気で、人助けをしなければならぬと考えた。そこに、ちょうど自分の畑で作りこんだ裸麦四斗俵が三、四〇俵と、琉球薯が壱千貫ばかりあったので、それを街の極貧者に、一人あたり裸麦は壱斗、弐斗、或は人によっては壱俵。琉球薯は十貫、弐拾貫あたりを、無料で施すことにした。町の人たちは大喜び、わずか二、三日の間にばたばたとさばけてしまった」（伝記資料）。こうしたいわゆる「善根功徳」を、信仰的には二義的なものと見る人も少なくありませんが、果たしてそうであるか否かは、それこそ「神の心に聞け」というべきものでしょう。

ところで、二代精一の妻松代の語るところによると、それは派手派手しい施しではなく、あくまで「陰徳をつむための内面的な精進」だったといいますが、いつとはなしにその噂は村人たちの評判となって、ついに町役人の耳にも達するところとなりました。それでなくとも重右衛門のお上をおそれぬ身に過ぎた所業の数々は、すでに彼らの神経をいたく刺激していたところです。待っていたとばかりに、彼らは代官所の役人にあてて、重右衛門逮捕の上申書を差し出しました。それには、「宮地重右衛門と申すもの、不思議の法を使い、笠岡市中百姓をあざむく大悪人に御座候間、此上は御上様の格別のご憐愍にて、御取調べ被成下候得ば、笠岡市中百姓立行き……云々」（伝記資料）と記されてあったといいます。それとは知らぬ重右衛門は、その年の一月のある日、第二回目のお礼参拝とて、嫁入り駕籠をしたてて、再び大谷に向けて出立しました。これを聞いた笠岡代官は、足軽二〇人ばかりを途中の村の道筋に待機させて、その帰途を襲いました。不意を突かれて驚いた人足や信者たちは、たちまちくもの子を散らすように飛び散りました。この時重右衛門はすかさず「貴様らは何で逃げるのか。このこっぱ役人がこわいのか」と、大声で怒鳴りあげ、さすがの捕り方たちもしばしたじろいだといいます。いささか講談調の場面ですが、重右衛門ならばありえないことではありません。しかし、重右衛門はいさぎよく縛につき、胸を張って牢に引かれていきました。

入牢中、彼がいかに凄惨な拷問をうけたか、青木氏の著書には詳しく述べられていますが、私には忍びないものがあるので、ここで再現することは控えておきます。ただその拷問が、すすめられる「改心」を拒否し、あくまで神の真実を守り抜こうとする彼の闘志によったものであることは、説明を要しないところでしょう。そして入牢七五日、ついに彼は許されて出獄します。「もう神さまは拝みません、といえば、帰してくれることはわかっている。しかし、それでは神さまにあいすまぬ。だいたい、人助けをすることが、何故いけないのか。神も喜び人も喜ぶことをするのが、何故いけないのか。たとえ殺されようともやめられませんと、きっぱりいい切るものであるから、役人の方でも

斎藤重右衛門の書き置き

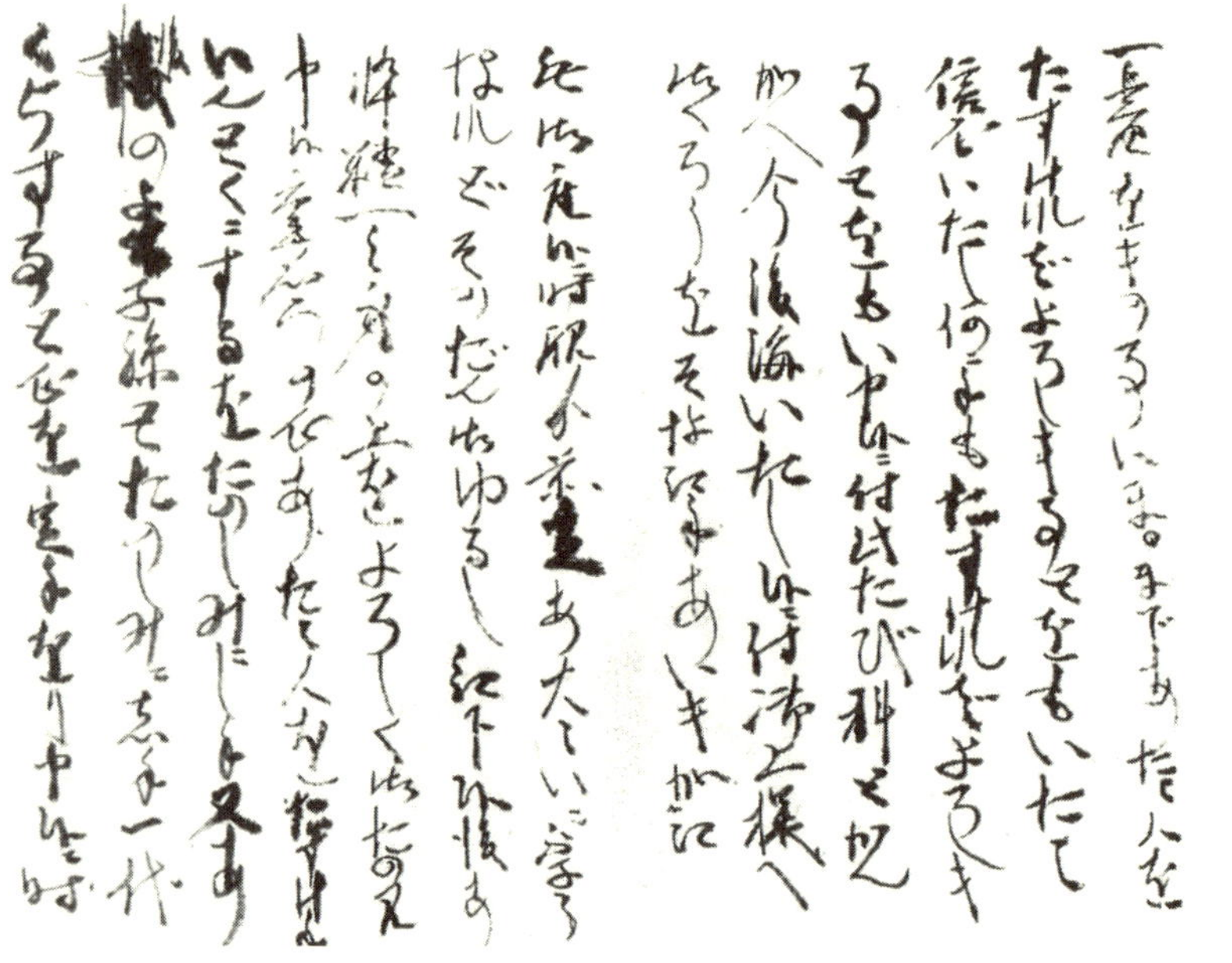

一、書き置きの事。いままでは、ただ人を
助ければよろしき事と思い、ただ、
信心いたし、何にても助ければ、よろしき
事と、思い申し候に付、此たびとがと考
えて、今、後悔いたし候に付、此の上御上様へ
御苦労をそなえては、いきがい
御座無く候に付、親より先立つは大いに不孝
なれど、そのだん御ゆるし下され候え。後は
悴精一の身の上をよろしく御たのみ
申し候。重右衛門の心は、ただ人を助けて、
陰徳にするをたのしみにして、又は
後の世も、子孫もたのしみにして、一代
くらす事と心を定めており申し候に付、
御上へ申しわけの事、又は、親類外信者
中様、又、他方の信者中様、何分、
御上のおしえを　まもるように御くらし
下され候え。身のかんがえは不覚

困った。とうとう矢島代官（ときの代官所の手代）の方から兜をぬいで、庄屋生永小十郎に、「もう二度と拝ますな、今度拝んだら首がないぞ、もう拝みませんと言わせておけ」ということであった。そこで初代もいちおう折れて、「もう拝みません。改心いたします」ということになった（斎藤松代談）。

重右衛門がこの屈辱的な結末をあえて選んだのには相当の理由があります。それは入牢六〇日目のころ、しびれを切らした代官が、五人組帳の前書き(34)を読み聞かせ、彼がいつまでも抵抗をつづけていると、他にも累が及ぶことをほのめかして脅迫したのです。それはもう一個の人間がする抵抗の限度を遥かに超えたものだったというほかはありません。「世に血の涙ということがあるが、あれだけ貴い神さまを、もう拝みません、といわねばならぬときのつらさ、それこそ、ほんとうに血の涙であった、と一生涯、なにかの折には話された。御理解説教のときなど、腕をもちあげて、その傷あとをみながら、涙を出してなきじゃくっておられた」（斎藤松太郎談）。

なお、以上はすべて伝聞に基づくものですが、私がこの拙文のもとになっている同じタイトルの紀要論文（『富山医科薬科大学一般教育紀要』創刊号、一九七九年）を青木氏に贈ったところ、青木氏から懇切丁寧な手紙を頂き、中にはそれに添えて、その後に見つかった史料のコピーが同封されていました。それは、笠岡村宿老熊八郎の御用留《ごようどめ》(35)に書き留められていたもので、この事件がほぼ言い伝え通りのものであることを裏付ける貴重なものです。青木氏のご厚意に感謝しつつ、ここにその一部を紹介し

（34）五人組とは江戸時代における最末端の治安行政単位。地域ごとに五戸前後を組み合わせ、年貢納入・治安維持の連帯責任を負わせた。五人組帳は、農民の守るべき事柄を記した前書きとこれを遵守することを誓約した組合員の連名・連印部分から成っていた。
（35）江戸時代、名主・庄屋などの村役人が村政に関わる諸々の事項をメモした帳面。

ておきます。ここでは、重右衛門の広前の神具などが檀那寺に預けられた際の請証文《うけしょうもん》の控えに続けて、次のように記されています。

右一件は酉三月頃より少々金神信心と号シ相祈候所、追々増長致し、戌十二月頃ニ至リ候而ハ、以之外《もってのほか》之儀相成り、大勢群衆致し、既ニ当町ニおゐても胡《えびす》屋住藤抔大信心ニ候故、市中小前は申すに及ばず、隣村よりも追々参詣夥多数。宮地本人重右衛門ハ金子宮と唱、二畳台を構へ、参詣之者を眼下に見おろし、或ハ叱リ、或はおとし抔致し、大金を住藤より取候而、貧窮之へハ少々宛麦抔遺し候趣、当亥正月十日、右両掛の立派なる籠ニ而大谷と申処江参リ候趣御聴ニ達、翌十一日夕方帰路富岡村坂本吉兵衛宅前ニ而御召捕ニ相成候。其節村役人一同参リ申候。揚安と申もの上下着用右重右衛門若党役相勤罷在候。是も其場ニ而御召捕ニ相成申候。早速小十郎「宿老庄屋兼帯」宅ニ而御吟味之有、重右衛門儀は縄手鎖、安平ハ村預ケニ相成ル。其夜四ツ時頃、重右衛門神具付立ニ熊八郎林右衛門光右衛門貞太郎罷越申候。翌十二日村役人一同又候同人宅へ罷越、付立神具残ラズ封印相付、檀寺地福寺へ相預申候。其後御引請矢島様御見分と相成、御上之御封印と相成申候。正月廿四日頃重右衛門同人兄栄十郎、安平御召出ニ相成、栄十郎重右衛門ハ入牢ニ相成、安平村預ケと相成申候。

これによれば兄栄十郎も入牢したことになっています。

その後、重右衛門は、一八六六（慶応二）年と七二（明治五）年の両度にわたって、入獄は免れたもののの、やはり厳しい詮議に見舞われています。ことに七二年のそれは「文明開化」を名とする維新政府の、民間の布教者に対する一連の厳しい禁圧政策に対応するものでした。具体的にはどのような点が官憲の忌諱にふれたのかよく分かりませんが、何かよくよくの事情があったのでしょう、いまに残されている一通の遺書とおぼしきものによって、彼が死まで決意していたことが判明しています。いずれにせよ私は、残念ながら重右衛門の受難が担っている宗教的な意義について語ることはできません。しかし、少なくともそれが、現人神の栄光で綴られる日本の「近代」の非人間性を、余すところなく照射し、告発し続けるものであることを、信じて疑いません。

5 別れ

さて、重右衛門のその後についてはまだ書きたいこと、書かねばならないことが色々ありますが、最後に彼の生涯にとって最大の悲劇ともいうべき教祖との別れについて記して、ひとまず小伝の結びとします。

まず、客観的な事実としては、明治初年のある時期から（それはいつ頃かまだ判然としていないが、一九七九年当時、金光教教学研究所の部長をされていた高橋行地郎氏によれば、明治も一〇年代に入ってからではないかと推測されている）笠岡の大谷参りがふっつりと止み、一八八三（明治一六）年に教祖が他界したときにも葬儀に参列せず、以後も両教会の間で暫くわだかまった関係が続いていたという事があります。あれほど肝胆相照らし、苦楽を共にし、深い信仰のきずなで結ばれた二人の間に、一体何があったのでしょうか。

はじめに紹介したように、この問題にはまず、金神社造営のことがあります。教祖の信仰的自伝ともいうべき「金光大神御覚書」（『金光教教典』所収）によると、一八六四（元治元）年、教祖は天地金乃神のお知らせで、神社の造営に着手しました。ところが引き受けた大工が仕事の面でも金銭的にもルーズな人で、なかなか仕事がはかどりません。そこで五年目の一八六八（明治元）年、教祖は、いったんその大工を解雇しました。しかし翌年、重右衛門らが普請の再開をすすめるので、彼らに後事を託しました。ところが、やはり作業は一向に進みません。七一年には再び神のお知らせで、「棟梁はらわたくさり、普請成就せず」とあり、とうとう七二年には普請中止のやむなきに至りました。しかしこの間、出来ることなら完成させたいというのが教祖の変わらぬ真意だったようです。また、その間いろいろ出費がかさんで、氏子の浄財が無に帰することを心苦しく思ったことでもありましょう。そこで、教祖としては、寄進勧化の打ち札を立てることに、心ならずも了解を与えることになったのかもしれません。前述の高橋行地郎氏は、それに加えて、明治一〇年代から信心合法化のために金神社の社号を素戔嗚神社などに改めたり、金神社の存置が村次元で取進められるような動きがあったりで、そのことも考慮しなければならないだろうとされています。笠岡の所伝によると、ここから問題が起こった、というのです。次に重右衛門の甥、斎藤茂一が書いた文書によって、その事情を見ることにしましょう。

「この道は寄進勧化を言わぬ道である。寄進勧化を言うて氏子を苦しめては、神は喜ばれぬ。しかし氏子が心からお捧げするのは、神の比礼（魚の鰭が語源で、神の徳、恵み、働きを言い表す言葉）である。たといその時でも打ち札、貼り紙（金額や氏名を記すこと）をしてはならぬ。氏子は誠を神に奉るので、広告などは要らぬ」と教祖は仰せになった。そこで初代の思われるのには、この道は誠にありがたい道である、貴い道である。神や仏の教えも沢山聞いたが、斯かる尊い教えをきいたことがない。さすが天下の明教じゃ、といたく感服、感激、骨髄に徹した。然るにその後参拝すると、お広前の内側の周囲には、一金何両何の誰某殿と、ぐるうっと貼り紙がしてある。初代は不思議に思われ、教祖にお尋ねになると「神様は、打ち札貼り紙はしてはならぬと仰言るけれど、こうせねば普請ができぬから、是非こうしてくれと世話人が申すから、神さまの仰せには背くのであるが、余儀なくこうした」と仰言る。そこで初代は「金光様、普請ができるできぬより、神さまの仰せを反古にしては、すみますまい。なんぼう世話人が、何んと申しましょうとも、神様の仰せには、代えられませぬ。これは是非ういで（剥いで）下さい」といわれると「然し、これをういでは、世話人が感じをそこねて、普請ができませぬ、これをうぐことは、世話人に対してもできませぬ」と申される。しかし初代は重ねて「神様の仰せには代えられませぬ、是非ういで下さい」と願われたが、御聞入れがなく、どうしてもうぐと仰言って下さらぬので、最早仕方なく、御無礼のことのようにも思われたが、詮方なく「金光大神、人情に流されなさったのう。金光大神、頭が腐んなさったのう、もう二度と足踏みはしませんぞよう」と、その席を立たれた。そこで教祖は考えられて、その貼り紙をへがれた。

斎藤茂一は、このように経過を記したのち、さらに次のように自分の考えを付記しています。

若しそのとき笠岡金光大神なかりせば、この教えは永久に葬られ、炎上した大教会所（本部大教会所は一九二五年に炎上している—小澤）が建築されたときなどには、恐らく金光駅より境内まで一金何千円何の何某殿と、金毘羅さんと同じように、寄付の立石が林立したことであろう。もし神の教えを反古にして葬り去り、人為的策動によって、よし教団が盛大になったとて、果たしてそれで多くの人が助かる道が開けたであろうか。当時においても勿論であるが、また将来に於いても、道の教えにたいしては、かかるまことの決定的な教師を必要とするのではなかろうか。上に向かっては……ぺこぺこと頭を下げるが、下に向かっては偉らそうに、あおのいて挨拶を受けるような、柔従不断の徒が多いことは、唾棄したいところである。(36)

斎藤茂一は重右衛門から直接教えを受けた人であるだけに、いささか重右衛門に肩入れした物言いになっていますが、少なくとも事実に関しては、重右衛門から聞き出したところをそのまま伝えていると見てよいでしょう。青木氏は、この問題についてさらに綿密な考証を加え、寄付札については確かにそのような事実があったこと、ただしそれは二枚で、しかも人名のみの記載であったことなどを、別の証言から引き出しています。われわれはいずれの証言が真実に近いのかを判定する立場にはありません。またその手段もありません。いずれにせよ、それが二枚であるか否か、金額が書きこまれていたかどうかは、もはや問題ではないでしょう。

まずは、打ち札や貼り紙に否定的だったのはもともと教祖の方ですから、それをどう考えるか、ということですが、これは、私にとってはそんなに難しい問題ではありません。こうした習慣は、当事者が、ちょっとした自己満足や優越感に浸る以外には、信仰的にも人間的にも、何の意味もない、むしろ慎むべき事柄だということは、個々人のレベルでは誰しも感じていることではないでしょうか。しかし、教団が自らそれを認めてしまえば、昔流行った「赤信号、みんなで渡れば怖くない」と一緒で、安心して参加できます。教団もその方が財政的に潤うかもしれません。その程度の心理が支えている「悪習」というべきでしょう。

「貧者の一灯」などというのは仏教に由来する言葉ですが、それに堂々と背を向けている寺院のなんと多いことか。神社となるともうそれを疑う気配もありません。キリスト教にはあまり詳しくありませんが、山上の垂訓の「心貧しきものは幸いである」というのはまさにこれではありませんか。ところが、私の出たキリスト教系の大学の同窓会などは、母校に建物を寄付する募金の度ごとに、恥も外聞もなく会誌に「何万円誰某」とやって憚る処がありませんでした（最近の同窓会誌ではさすがに見られなくなりました)。その大学はクリスチャンであることが常勤の講師以上になるための条件ですが、私の尊敬する恩師の人たちも、この点となると右倣えでした。当たり前のことがいざとなるといかに難しいか、ということなのでしょう。ところが教祖はその「常識」を打ち破ろうとしました。重右衛門はそこに教祖の信心の琴線に触れるものを感じました。そして、それが重右衛門の抵抗のおかげと見るかどうかはともかく、教団では今も、私の知っている限り、打ち札や貼り紙はもとより、教会報の類でも、「誰某いくら」などという報告を見たことがありません。私は、どんな教団宗教に対しても公平無私でありたいと思っていますが、当たり前のことがだらしなく崩されていないというその一点において、この教団を評価しています。金の問題はその教団を量る最も有効なバロメーターですから。

問題は、むしろ、この事件に示されている教祖の態度をどう考えるか、という点でしょう。教祖は間違っているというのは簡単ですが、私にはちょっとためらいがあるのです。この問題を考えるとき、いつも念頭に浮かんでくるのは、やや唐突かもしれませんが、内村鑑三のいわゆる「花巻非戦論事件」のことです。日露戦争の前夜、内村鑑三の説く非戦論にいたく共鳴した岩手県花巻の一青年斎藤宗次郎が、徴兵忌避の決意を固めてその旨を手紙に認め、内村に送ったところ、内村がすぐに花巻にとんできて、「道理と真理の応用とを混同してはならない」と、その決意を思い止まらせたという一件です。

私ははじめ、内村の裏面を覗いたような気がして、大いに失望したものでした。いまでも内村の礼賛者が、花巻事件こそ内村の偉大さを示したものだ、などと書いているのを見ると、贔屓のひき倒し

---

(36) 同前、一四四—一四六頁。

もいい加減にしろ、といいたくなります。ただ、われわれにとって、自明のことのように見えるものの中に、どこか陥穽がありはしないか。真理は一つだが、われわれがとらえうるのはその一部であって全部ではない。としたら、内村の態度の中にはどのような真理の断片が潜んでいるのだろうか。そこで、はたと立ち止まってしまうのです。そして打ち札の一件に示された教祖と重右衛門の態度のなかにも、私は同じ性質の問題を見るのです。このとき、「しかし」と重右衛門は私に囁きかけます。「われわれがとらえたものが真理の一部だという事を弁えつつ、そのために、その一部の真理を自ら証しすることに躊躇があってはならない」と。

　見苦しい独白はこの位にして、話を元に戻すことにしましょう。笠岡と大谷の疎隔については、他の原因も色々上げられていますが、煩雑になるので省略します。いずれにせよ、この思いがけない別れは、二人の心に癒しがたい傷跡を残したに違いありません。しかし、それ以上に確かなことは、その故に、二度とまみえることのできない相手を一層慕わしく思い続けていたであろう、ということです。私の見る限り、教祖の晩年は孤独でした。彼は、布教の公認を急ぐあまり、国家神道との接近をはかり、教会組織の再編を目論む弟子たちの考えには消極的でした。そしてそのような教祖の考えは、まさに重右衛門の考えでもあったのです。彼はいまさらながらに、心の中に空いた隙間の大きさを想ったことでしょう。一八八三（明治一六）年一〇月一〇日、教祖は七〇歳の生涯を閉じました。その知らせを聞いて、重右衛門は身をよじって慟哭したに違いありません。重右衛門が他界したのは、それから一二年後の一八九五（明治二八）年四月三日の事でした。享年七三歳。彼の御霊は今、笠岡教会所に隣接する奥城《おくつき》で静かに眠っています。

VI

心の十字路

本章に収録した六編は、著者が金光教関連団体の刊行物に執筆した原稿に手を加えたものである。

「一冊の本との出会いから」金光教全国信徒会会報『あいよかけよ』３４３号所載。

「看板を外しても」金光教全国信徒会会報『あいよかけよ』３４４号所載。

「ドラマのような話」金光教全国信徒会会報『あいよかけよ』３４５号所載。

「苦難の僕——教祖とヨブ」金光教全国信徒会会報『あいよかけよ』３４６号所載。

「大胆な想像力を」金光教フォーゲル倶楽部編集発行の雑誌『ＣＯＭ』№15（二〇〇九年一〇月）に掲載。

「教団史の中の佐藤光俊師」金光教教学研究所『通信聖ケ丘』第33号（二〇一二年六月）所載。

一冊の本との出会いから

私のことを、金光教の読者の皆様には何と紹介したらいいでしょうか。金光教のファン、などというと何だか軽薄な感じだし、シンパ、などというのも、ちょっとおこがましいし……。いずれにせよ、かつては、金光教などの民衆宗教を主な研究対象にしている研究者、と称していた時期もあるのですが、最近、学界の内向き姿勢に失望し、学問研究からは足を洗ってしまったので、「金光教との出会いを大切に思っている一人の人間」とでもしておきましょう。ということで、その「出会い」がもたらしてくれた心象風景のあれこれを、これから筆の赴くままに書き綴って、日ごろの御恩に報いたいと思います。

私が、金光教のことを初めて知ったのは、全くの偶然からでした。その頃、私は出身大学の研究員をしながら他大学の大学院で学んでいたのですが、ある時勤務先の大学の図書館で『金光教教典』と題する古めかしい和綴じの本が目にとまりました。何だろうと思いながら手に取って頁をめくっているうちに、私は次第にそこに書かれている教祖の言葉に引き込まれていったのです。これについては本書Ⅰ―二「『戦争』と『テロ』の時代を見据えて」（三六―三八頁）で詳しく述べておりますのでここでは省略しますが、その後金光教の方から伺ったところによると、その教典は、昭和四年刊行本の一六年改訂版だったようです。

それからしばらくして、比叡山で宗教史関係の研究会があったとき、居合わせた大学院の指導教官のS教授が「君は金光教に興味があるらしいから」といって、一人の人物に引き合わせてくれました。当時、金光教教学研究所の所員で後に本部の布教部長などを務められた瀬戸美喜雄さんです。私は、心を弾ませながら、教典を読んだ時の感動を彼に伝えました。すると彼は、「あれはもう古いものです。それでも感動しましたか。それなら、もっといいものをご紹介しましょう」と言ってくれました。そうしてほどなく送られてきたのが、教祖伝『金光大神』でした（その後新版の『金光大神』が発刊され、内容が一新されたことはご同慶の至りですが、私にとっては、何遍も読んでボロボロになった旧版本に、今も捨てがたい愛着を感じています）。

『金光大神』を読んで、改めて、教祖の人格とその教えに心打たれた私は、迷うことなく修士論文のテーマを金光教に定め、翌年の夏、調査のため、満を持して金光の土を踏んだのです。研究所に直行した私は、瀬戸さんのほか、竹部教雄さん、福嶋義次さん等の新たな知己を得て、手取り足取り、いろんなことを教えてもらいました。私の金光教理解は、書かれたものを通してはもちろんですが、こうした人々の人格に触れることによって得られたものものどれだけ多かったことだろうと思います。とりわけ、今でも忘れられないのは、今は亡き竹部教雄さんのことです。

宿の手配もせずに来てしまった私を、彼は有無を言わさず自分の家に連れて行って、四日四晩もお世話になってしまいました。まだ研究者としては海のものとも山のものとも分からない駆け出しの私をです。そのかわり、私は、毎晩夜中過ぎまで彼の金光教への熱い思いを聞かされる「羽目」になりました。というより、「幸運」に恵まれた、というべきでしょうか。

その後、研究所を退職され、図書館長をされていた時でしたか、宗教学者の島薗進さんが、金光教についての優れた論考をいくつか発表され、その中で、一言で言えば、金光教における「生神」を媒介とした「神の超越性」による救済と、「教祖の人格性」に救いの根拠を求めようとする信仰との間には、ズレがあるのではないか、という指摘をされました。これに衝撃を受けた竹部さんは、私への手紙で、目の黒いうちにこの批判に応えねばならないと、その決意を語られ、以後、一人悪戦苦闘を重ねられたのです。確かに島薗さんの指摘には鋭いものがありました。しかし、たかが、と言っては語弊がありますが、教外者の自由な立場での発言を、それほどまでに正面から受け止めようとする竹部さんの真摯な姿勢に、私は深い敬意の念を抱かざるを得ませんでした。

そして、姫路の教会に復帰されてから間もなくの頃だったか、「ようやく納得できるものが出来た」といって、ワープロで書かれた原稿が送られてきました。彼の急逝の知らせが届いたのはそれから間もなくのことです。亡くなる直前に頂いた葉書には、「今までは来てもらってばかりだったけど、今度はこちらから富山に伺って、思いのたけを語りたい」と記してありました。

晩年の竹部さんについて、ある人は半ば冗談に、半ば本気で「あの人はとうとう神さんになってしもうた」と言っていました。少年のような純粋な魂の持ち主でした。

看板を外しても

私は未だ神さまや仏さまとは出会ったことがありませんが、神さまや仏さまと出会ったという人とは、それなりの出会いを経験しています。ここで「出会い」と言っているのは、ただ面識が出来たというようなことではありません。うまく言えませんが、その人の人格に触れることによって、何かこう自分のありのままの姿にフト気づかされる、つまりはそこで自分自身との出会いに導かれる、そういう出会いのことです。ですからそれは、いつも心地よいものとは限りません。ときには、それで打ちのめされることもあるからです。神さまや仏さまと出会うという事も、多分そういうことなのではないかと、私は勝手に想像しています。

そのような出会いの相手は無論、宗教者ばかりではありませんが、振り返ってみると私の場合、金光教の方々との触れ合いの中で、そうした出会いを味わうことが多々あったように思います。前回お話しした竹部さんとの邂逅もそうです。教祖金光大神は言うまでもありません。そのほか斎藤重右衛門も、高橋正雄も、片島幸吉も、湯川安太郎も……、と挙げていけばきりがありませんが、それには必ずしも知名度の高い人ばかりではなく、無名に近い人も少なくありません。次に紹介するOさんも、そのお一人です。

私が、Oさんと最初に会った（つまりそれは未だ「出会い」ではない）のは、たしか、今から二〇年ほど前、アムネスティーの富山支部の集まりに初めて参加した時の事でした。アムネスティーについては説明の必要はないでしょうが、いわゆる「良心の囚人」と呼ばれる政治犯・思想犯などの救済活動を行っている世界的な組織です。そういうものになぜ私が参加する気になったかという事については、話せば長くなりますが、一言でいうと、六〇年の安保闘争の頃から、平和や人権の問題を私なりに考えるようになり、様々なグループや党派の運動と関わってきて、いま一つしっくりこないものを感じ始めた折から、不当な弾圧に苦しむ人たちの生命を何とかして助けたいという一人一人の思いを一通の手紙に託し、当事国の担当者に粘り強く送り続けるという、このグループの地道な活動に、フト心惹かれるものを感じたからです。

そこでは、天下国家について声高に論ずることもなく、お互いの思想信条を吐露することもなく、黙って手紙を書いて送る作業をしていることが多かったので、Oさんについては、寡黙だが誠実そうな人だ、という以外にとくに強い印象を持ったわけではありませんでした。それから一年近くたったある日の集まりに、彼は一人の若い女性を連れてきて、少しはにかみながら、近々結婚することになったと言って、みんなに紹介してくれました。何か暖かい気持ちに包まれながら家路につこうとしたとき、二人が近づいてきて、実は、彼女の方が富山大学の教養課程で私に教わったというのです。教養の授業は人数が多いので覚えてはいませんでしたが、そうと聞いただけで私は、既知の人のような親しみを感じたものでした。教師稼業の経験者なら身に覚えがあるはずです。「それは奇遇ですね」といったら、今度はOさんの方から「言いそびれていましたが、私は金光教の信者で、先生の書かれた著書を通して、私も先生のことを存じ上げていました」というのです。まさかそんなところで金光教の方と会うなどとは考えてもみなかったので、私は思わず嬉しさがこみ上げてきました。「だが、それにしても」と、私は思いました。「もう会ってからずいぶん経っているのに、どうして今までその事を打ち明けてくれなかったのだろう」と。

しかし、考えてみれば、それは本質的に重要なことではありません。彼にとっては、とりあえず「人が助かることさえできれば」よかったのです。そしてそれこそは、教祖の信心からほとばしり出たものに違いありません。だが、金光教の名を口に出してしまえば、それだけで私が納得してしまう恐れがあります。人を助けることに、金光教であるという事は、自分にとって意味があっても、人には人の立場や思いがある。それを尊重する意味からも、彼はずっと自分のことを明かすのを、自制していたのではないでしょうか。そのとき、私の心の中に教祖の言葉がよぎりました。「世間になんぼうも難儀な氏子あり」「欲を放して」「取り次ぎ助けてやってくれ」「おかげはわが心にあり」。私がOさんとの「出会い」を感じたのはまさにその時からでした。

何か社会的な活動をしようとするとき、一々何々教という看板を掲げなければ気のすまない教団があります。何々党と名乗らなければ気の済まない党派があります。あるいは看板を掲げただけで何かをした気になってしまう人もいます。しかし、人が宗教や思想というものに、本当のパワーを感じるのは、看板を外しても、名を名乗らなくても、そこから何かを発信してくるこうした無欲の信念に触れたときなのではないでしょうか。

それから暫くして、私は公務が忙しくなり、心ならずもアムネスティーへの足が遠のいてしまったのですが、やがて、Oさんから頂いた年賀状で、彼が、十年ほど専任の教師がいなかった、つまりキリスト教的に言えば「無牧」の教会、仏教で言えば「無住」の寺院を引き継ぎ、神さまの御用をつとめる身となったことを知りました。彼の文面は淡々としていましたが、そこに至るまでの彼の心境を想い、私は胸が熱くなるのを覚えたものでした。

ちなみに、Oさんのお父さんはやはり富山のある教会の教会長をされています。富山の地は名にし負う真宗王国で、他の宗教に対しては寛容でない面もなくはありません。金光教の布教の種を蒔かれた先人たちも、様々な苦労をされたことと思いますが、今そのご苦労が報われようとしています。

ドラマのような話

今から二二年ほど前の一九九三年一〇月、金光教教学研究所と東京大学の宗教学の人たちが中心となって、ソウル大学で「日韓現代宗教研究シンポジウム」というものが開催され、私もお誘いを受けて参加しました。ちなみに、第二回のシンポジウムは金光で開催され、その後「日韓宗教研究フォーラム」と改称し、さらに東アジア宗教文化学会として発展を遂げましたが、いまは活動を停止しています。

この時、東大組は東京—ソウル便の往復でしたが、私は、関釜連絡船と鉄道のセマウル号を乗り継ぐ教学研究所の人たちと終始行動を共にしました。そのおかげで、この旅行は私にとって、研究所の人たちの「ありのまま」の姿を垣間見る機会ともなったのでした。

研究が目的とはいえ、旅行となればお酒が付き物で、飲めばたいていの人は「ありのまま」になります。例えば一行の中で最年少と目される研究所の某氏（名前を失念してしまいました）と、本部から随行してきたS氏などは、他国とて（それもかつて日本が支配していた国とあって）些か緊張気味のわれわれ年配者を尻目に、美しい女性と見れば賛嘆の声を上げ、全く取り繕うところがありません。その若者らしい天衣無縫の振る舞いを、多少羨望の目で眺めているうちに、メートルを上げたS氏が、気分が悪くなり吐きそうになりました。そのとき、そばで介抱していた研究所の某氏が叫んだのです。「バカ！吐くな、勿体ない！」。

この思いがけないブラックユーモアに、私たちの緊張も一気に緩んでしまいました。それは、私が一方的に思い込んでいた「金光教の人」＝生真面目な人というイメージが吹っ飛んでしまった瞬間でもありました。そして、飾り気のない、しかし妙に暖かいもの、大らかなものを感じさせるこのギャグが、彼のキャラクターのせいだけではなく、その信心が育んだもののようにも思われたのです。それは私の思い過ごしだったでしょうか。

しかし、これはこの旅行記のホンの「枕」であって、実はそれからあと、もっとすごいことが待ち受けていたのです。ソウルについた夜、翌日のシンポジウムの打ち合わせに研究所長の佐藤光俊さんの姿が見えなかったので、私はどうしたのだろうと思ったのですが、その時は深く気にも留めませんでした。ところが、翌日のシンポジウムの後のレセプションのときにも、途中から佐藤さんや当時金光教国際センター所長だった福嶋義次さんの姿が見えなくなったので、こんどは、何かあったのだろうかと、少し気にかかりました。そして翌日からの見学ツアーの車中で、ようやくその仔細を聞かされ、まるでドラマを地で行くようなその話に、私は圧倒されてしまったのです。実はその間、彼らはある韓国人の行方を求めて奔走していたのでした。その韓国人というのは、かつてソウルの金光教西大門教会の教会長をしていた李元珪（イ・ウォンギュ）氏のことです。

この話は、佐藤さんがすでに『李元珪先生をたずねて』（芸備春秋社、一九九五年）という本を書いて詳しく報告されており、『金光新聞』でも報道されているので、金光教の方々はよく御存じかと思いますが、私のこの本は、教外の人はおろか、宗教は嫌いだという人にも読ませようという押しつけがましい本ですので、二度目の方も我慢してお付き合い下さい。

簡単にその経緯を言えばこうです。佐藤さんらがあるとき、韓国の宗教事情の調査のため渡韓し、韓国の天理教会の長老の方から、帝国主義日本が残していった宗教という事で、戦後信仰の火を守り続けていた韓国人信徒の人たちが、同国人から受けなければならなかった苦難や、再建に至る経過について話を聞き、深く胸を打たれると同時に、戦中まで韓国にあった金光教教会の韓国人信徒の方々の消息については、まだ調べがついていないことに思い至り、その手掛かりを求めて調査をはじめます。その結果、一九六七年に芸備教会の佐藤一夫師のもとに、くだんの李元珪さんから便りがあって、戦後、彼も、日本の教派神道の教師だったという事で大変な迫害を受け、その後も不遇のうちに過ごしておられたが、信心は守り続けてこられたらしいことが判明します。しかし、間もなく音信が途絶え、それから二十数年、生きておられても九〇は超えているから、もう会えないかもしれない。しかし、その便りには息子の李真求（イ・ジング）さんと同居されているとあるから、その方とは会えるかもしれない。会えたら、金光教として、戦後何もなしえなかったことに対して、お詫びがしたい。その思いが佐藤さんらを駆り立て、シンポジウムの合間を縫っての探索行となったわけです。

なにしろ二十数年前の住所が頼りですから、当てずっぽうもいいところで、探索は困難を極めたようでした。しかし、佐藤さんらの執念と、同行してくれた韓国の宗教研究者朴圭泰（パク・キューテイ）氏やタクシー運転手らの献身的な協力、見知らぬ韓国の人たちの様々な善意が実って、ついに佐藤さん等は李さんの住所を突き止め、李真求さんとの奇蹟の会見を果たすことになったのです。もちろん、李元珪さんはもうこの世の人ではありませんでした。ちょうど、私たちが、何も知らずにレセプションのあとのお茶を楽しんでいた頃です。

佐藤さんから一部始終の話を聞いて、まるでドラマのような話ですね、という私に、佐藤さんはしみじみといいました。「これこそ神さまのお導きとしか思えない」。この話は私が直接体験したことではありません。にもかかわらず、私がこの旅行で一番忘れがたく思ったのは、この一件でした。『金光新聞』の伝えるところによると、その後、現地で金光教としての正式な慰霊祭が行われ、李真求氏が父の信心を継いで、韓国における再度の布教の根拠地を築こうとされているそうです。信仰の無い私でも、これは神さまの起こした奇跡だと思いたくなるような話です。その佐藤さんも、今はもうこの世の人ではありません。

苦難の僕
——教祖とヨブ

宗教を信ずるという事と、宗教を研究するという事の間には、共通する面も少なくありませんが、研究の場合は、たとえそれが自ら信仰する宗教であっても、客観的な見方に徹しなければならないというところに、信ずるという立場との大きな違いがあり、そこにまたその故の落とし穴もあるのだといえるでしょう。学生時代から助手時代にかけてキリスト教主義の大学に身を置いてきた私などは、とりわけ、そうした緊張の中で生きることを強いられてきたわけですが、そうした私の宗教観や研究者としてのスタンスに、ある種の変化をもたらしてくれたのは、金光教という新たな宗教との出会いだったと思います。今回はそのことについてお話ししましょう。

それは私が、教祖の伝記『金光大神』を読み終えて、今度は『教典』に収録されている教祖の『覚書』に読みふけっていた折のことですが、ちょうど嘉永から安政にかけての教祖一家に降りかかる数々の不幸や、それに対する教祖の対応、神さまのお知らせについての記述に差し掛かった時、私はフト同じような話をどこかで目にしたような気がしました。そして思い出したのが、『旧約聖書』の「ヨブ記」です。

キリスト教になじみの薄い方もおられると思うので、簡単にその概略を言うと、ヨブというのは、神への信仰に篤く、自他ともに認める義人で、そのために、神からも特別の恩寵を受け、繁栄を極めていた人物です。ところが、ある日サタンが神のもとにやってきて、ヨブの財産を奪ったらたちまちヨブはあなたのことを呪うだろう、といいました。そこで神は、あなたの好きなようにしなさい、と仰った。その日から、ヨブの一家には想像を絶する苦難が襲い、彼自身も恐ろしい皮膚病にかかって、二目と見られない姿になります。彼はその不条理に悶え苦しみましたが、神への恨みを口にすることはありませんでした。そこへ友人たちがやってきて、神への不義が無かったら不幸に見舞われるはずがないとか、神の意志は計り知れないのだから諦めろ、といった常識論で彼の改心を迫ります。孤独の淵でなおも苦難の意味を問い続けるヨブに、嵐のなかから突如として「知識もないのに言葉を重ねて神のはかりごとを暗くする者は誰か」という神の声が聞こえ、立て続けに人知を打ち砕くような「問い」がヨブに浴びせられます。一言も抗弁出来ず、打ちのめされ、返す言葉も見失ったヨブは、やがて、神が与えてくれた苦難の意義を悟り、改めて、神へのゆるぎない信仰を告白する、そういった内容です。

むろん細かなシチュエーションは教祖のそれとは異なりますが、「信心文さ」といわれたほどの教祖が、襲い来る苦難の不条理に煩悶し、石鎚神の先達や周囲の人たちの常識論に孤独を深めていく中で、ついに「天地金乃神様へのご無礼を知らず、難渋いたし」という認識に導かれ、改めて神様から「七墓つかす」ほどの災難に見舞われたことの意味が明らかにされます。そのとき、はじめて教祖は、「恐れ入りてご信心仕り」という確固とした信心を手にします。このような経過の中で示される難儀の意味と、神の把握における基本的な構造は、ヨブ記のそれと極めて接近したものとは言えないでしょうか。

このように言うと、ひょっとしたら金光教は独自なものだと考えている人たちの誇りを傷つけるかもしれません。現に金光教のある幹部の人から、金光教とキリスト教の違いについてのご高説を延々と承ったことがあります。反対に、私の話を聞いたキリスト教徒の学者から、金光教には神の愛はあるが、神の裁きがないと、したり顔で批判されたこともありました。自分の信仰に誇りを持つことと独りよがりになることは全く別のことだと思うのですが。あるいは、これは金光教という事ではありませんが、総じて多神教の伝統を持つアジアや日本の宗教は、排他的で独善的な一神教の伝統下にあるキリスト教やイスラムに比べて平和的で協調的であるという、私に言わせれば全く根拠のない謬説を振りまいている高名な学者もいます。

むろん、異なった環境と伝統の中で育まれてきた宗教の教説に違いがあるのは当然だし、それを指摘することに全く意味がないとも思いません。しかし、資本主義の発展とともに、「自由な競争」の中に投げ込まれ、お互いの「商品」の差異を強調することで発展を図ってきた近代以降の宗教教団のありかたが、そこにも深い影を落としていることは否めません。

そうした観点から、いま一度教祖の『覚書』の記述に目を向けるなら、そこに見られるヨブ記との類似性は、人類が生み出した智慧の普遍性をこそ証しするものであり、教祖の教えの世界的な性格を示すものとして、誇っていい事柄なのではないでしょうか。むろん金光教だけではなく、他にもそういう宗教や思想は少なくないはずです。とりわけ、宗教や文化の違いに対するこだわりや偏見が、同時多発テロや地域紛争の引き金の一つになっているとしたら、その事は一層重要です。

教祖は、「どの神へでも、わが一心と思う神へすがりさえすれば助けてくださる」と仰っています。

また、「一向宗は一筋のものである。ああいうふうに迷わずに一筋にいくのがよいぞ」とも仰っています。この懐の深さは、神への揺るぎのない信心から生まれたものに違いありません。わたしは、信心こそ共有はしておりませんが、そうした教祖のものの考え方、生き方から、随分多くのことを学ばせてもらいました。

それが宗教であれ思想であれ、肝心なことは、その中に「人類」（一般的・抽象的な「人間」ではなく、地球上にいま運命共同体として一緒に住んでいる七〇億の民）を見出すことができるかどうかです。教祖はそれを「総氏子」と呼んでいますが、今に生きておれば疑いもなく「人類」と呼んでいたでしょう。私たちがそこに「人類」を見出すことさえできれば、それによって、どんな宗教や思想の持ち主とでも、手を結びあうことができるはずです。

大胆な想像力を

教祖や教団の歴史は誰のものか？　と問われると、私たちはついつい金光教の信奉者のものだと思ってしまう。しかし、教祖も教祖の信心を受け継いだ人々の歴史も、実は誰のものでもないし、また、逆に人類の共有財産であるとも言える。小澤浩先生は、近代の民衆思想史、民衆宗教史を研究する歴史家として、金光教を始めとする民衆宗教の研究に打ち込んでこられた。教外者ではあるが、教祖や金光教を生きた人々と、一人の歴史家、一人の人間として真剣に向き合い、その問いを客観化し、広く世に問うてこられた。そして、金光教の人々と、教祖や教団を問題にする一人の人間同士として、肝胆相照らすような態度での交わりも貫いておられる。それは時に、暖かくも厳しい批判として私たちに響くものとなっている。——河井（信吉氏）

河井　金光教は、今年立教百五十年の節年を迎えました。金光教に限らず宗教一般において、このような節目にはどのような意義があるとお考えでしょうか。

小澤　金光教は、立教百五十年という事で、常識的には「おめでとう」というべきところなのでしょうが、百五十年だからめでたいというわけのものでもない。その間何をしてきて、どれだけの人が助かって、今はどうなのか、ということを振り返ってみてこそ、節目というものの意義もあるのだろうと、私は受け止めています。

河井　先生は歴史家として、金光教をはじめとする民衆宗教研究の上に大きな業績を上げてこられました。先生の主著である『生き神の思想史』（岩波書店）には、金光教の教祖や教団の歴史についての真摯な問いかけがなされています。

小澤　私は、金光教の勉強を始めて四〇年、教祖についても、教団の歴史についても、自分の見方はほぼ固まってきたと思っていたのに、最近、それが少し揺らいでいるのです。

河井　それはどういうことなのですか？

小澤　一つは、自分が歴史家のはしくれなのに、現代の感覚で教祖の時代を見てはいなかったか、ということです。たとえば私たちは今、信じないことも含めた「信教の自由」を享受していますが、教祖の時代にはそれがないばかりか、職業的宗教人が媒介する俗説が教祖をはじめ多くの人々をとらえていました。その呪縛の深さが、教祖における神との出会いを可能にしたのだとすれば、それを私たちが実感するのは本当は容易なことではないはずです。

河井　なるほど、金光教の信心をしている者も、その難しさを見逃してしまいます。

小澤　そのように、一方で教祖を「本当の過去」に返して上げねば、と思う反面、他方では、教祖を「本当の今」に蘇らせることにも、私たちは失敗し続けているのでは、と思うことがあります。

河井　「本当の今」に蘇らせるというのは？

小澤　中村光という人の『聖（セイント）☆お兄さん』という人気漫画がありますが、これは仏陀とキリストが天界から現代の東京に降りてきて、アパートの一室をシェアしながら、現代社会を探訪するという他愛もないお話です。しかし、そこには不思議なリアリティーがあって、私はフト、こんな感じで教祖が目の前の雑踏の中にいてくれたら、と思ったものでした。

河井 仏陀とイエスがアパートでルームシェアして休暇中という漫画ですね。評論家の呉智英さんが、「仏陀やイエスを読者自身と等身大の青年として親しみ、微笑ましく描き出している」と書いておられました。「土を掘る百姓」とおっしゃっておられた教祖が、新宿や渋谷の雑踏におられたら、ひょっとしたら気がつかないかもしれません。

小澤 その意味で仏陀も、キリストも、教祖も、私たちはずっと後ろ向きに捉えてきたのではないでしょうか。そして、教祖をいまのありきたりの社会の中においてみる大胆な想像力を私たちが身につけたら、どの宗教も、もっと面白いものになるのではないでしょうか。

河井 「教祖様、今おわしませば」ということは、金光教の中で今までも語られることはありましたが、それが「大胆な想像力」を必要とするものだとは考えられていなかったように思います。たしかにそれは私たちを揺さぶり、突き動かすものにもなりますね。面白いものが生まれてくるはずです。ありがとうございました。

教団史の中の佐藤光俊師

タイトルの中ではそうしないと格好がつかないので「師」などとやってしまいましたが、「身につかないことを言うな」というご本人の声が聞こえてきそうなので、以下、御生前のお付き合いに倣って「佐藤さん」と呼ばせて頂きます。

『金光新聞』で前教務総長佐藤光俊さんの辞意と入院のことを知って、教学研究所所長の竹部さんに様子をうかがう電話をしてから間もなく、病床の佐藤さんから電話がありました。亡くなるほんの一週間ほど前の事でした。体力が衰えているので一〇分が限度だと言いながら、気が付けば話は四〇分近くに及んでいました。最後のときを惜しむかのように。

話の大半は、佐藤さんが深く関わった日韓宗教研究者の交流の事であり、とりわけその第一回のソウル大学での研究会の折、ソウルの街を駆けずり回って、李真求《いじんぐ》さんとの奇跡的な出会いを果たした一夜の事でした（詳細は本節「心の十字路」の〈ドラマのような話〉二〇四―二〇七頁参照）。私たちは会うたびに何度この話を繰り返したことでしょう。佐藤さんは「神様のお導き」と言っていましたが、あれこそは彼の執念がもたらしたものです。彼は今際のときにも、ソウルの街を駆け巡っている夢を見ながら逝ったに違いありません。受話器を置く前に、私は別れの言葉をあれこれ探しましたが、咄嗟に出たのは「今度出す本（『中山みき』）はあなたに真っ先に読んでほしいから、まだ死んじゃだめだよ」でした。死の床についている人に「死」という言葉はタブーだったかもしれません。しかし、それは私の偽りのない気持ちでした。彼も「楽しみにしている」と言ってくれました。

ところで、せっかく与えられた紙面を、そうした真情吐露に費やすより、彼の足跡から何を学ぶか、ということに思いを巡らせた方がいいと考えたら、ご覧のような表題になってしまいました。まだ亡くなったばかりだというのに、佐藤さんを「教団史の中で位置づける」というのは気が早いようですが、いずれそのように扱われて然るべき人だと思うので、私は取りあえず先鞭をつけ、後事をそれにふさわしい人に託したいと思います。

佐藤さんの足跡といったとき、私たちがまず念頭に浮かべるのは研究所時代の彼の仕事でしょう。学者が好んで使う言葉で言えば、「研究業績」です。そして、宗教団体といえど世俗化の波から自由であり得ない以上、いわゆる業績主義に安んじて過ごそうと思えば、出来なくはないのがこの世界です。しかし、佐藤さんの仕事には、研究者としての枠組みを常に突き破って行こうとする広がりがありました。彼が教務総長の要職に就いたとき、人々がどう受け止めたかは分かりませんが、そうした彼の問題関心、研究の姿勢を今から振り返ると、教務総長の仕事はその延長線上にあり、誤解を恐れずに言うなら、彼は命と引き換えにでもそれを背負っていく覚悟ができていたからではないかとさえ思います。

端的に言って、キーワードは二つあります。ひとつは「教団」であり、一つは「歴史」です。あわせて「教団史」と言ってもいいでしょう。研究所には教祖研究と教団史研究を主とする二つの部門があるようです。それは役割分担であるにしても、両者の内的な緊張を踏まえないで、夫々の研究を深めていくことはできません。そして佐藤さんが自らに課したのは教団史研究でした。私の勝手な推測によれば、人はいかにして救われるのかという問題をつきつめていくと、教祖の信心に向き合うことは当然のことながら、歴史の中では、教団という組織体の在り方がそこに深く関わっていて、その在り方を問うことなしには、自らの助かりも、人の助かりもあり得ないという問題意識を、どこかの時点で深く心に刻んだからではないでしょうか。

たとえば、彼の視点は、『金光教の歴史に学ぶ』という著書の表題によく示されています。私も歴史の教師だった頃、学生たちのレポート集に『歴史に学ぶ』という表題を付けましたが、その序文の中で、私は、「それは人々によって生きられた歴史が、われわれの生き方を考える資料の宝庫であり、だから他の教科と同じように『歴史を学ぶ』のではなく『歴史に学ぶ』でなくてはならないのだ」と書いたことがあります。佐藤さんにとっての歴史も、そのようなものとしてあったのだと私は思います。それを教団史というもののなかに置いたとき、佐藤さんは一層その感を深めたのではないでしょうか。彼は、『金光教の歴史に学ぶ』の中で、「現在よりも過去が、現在をよりよく語ることがある」という言葉を引用していますが、それは彼の歴史に学ぶ動機を余すところなく伝えています。

そうした立場からの彼の教団史への接近が、鋭い批判精神に支えられたものであったことは言うまでもありません。彼はこの本の中でこれまでの教団史研究を「御発展史観」と「堕落史観」の相剋と捉え、後者への共感を示しながら、その批判が生かされるか否かは、われわれが究極的に「教団」というもののはたらきを信頼しているかどうかにかかっている、としています。内村鑑三の無教会主義に若干魅かれている私には、賛成しかねる部分もありますが、彼の教団批判に説得力があるとしたら、それは彼の批判が「教団」のはたらきへの信頼を前提とした内在的なものだったからに違いありません。そして、彼の『李元珪先生をたずねて』の旅や、その後の日韓の学問交流への取り組みこそ、彼のそのような批判精神がもたらした最大の成果であったと私は考えます。それを、教団の役割分担の一つと見るに止めてはいけません。彼はそこに自らの信仰をかけ、教団の根本的な在り方を問おうとしていたからです。

昭和九年十年事件のとき内局を担ったのは、それまでの教団政治に対する急先鋒の批判者と目されていた高橋正雄でした。いざというときにそうした人事を断行しえるところに金光教団の可能性があるとしたら、この度の佐藤光俊内局の人事にもややそれに似たものがあったといえるでしょう。しかし、それはやはり金光教の危機の顕在化にほかなりません。佐藤さんの教団史への視点が生かされるかどうか。そこにこれからの金光教の命運がかかっているように、私には思えてなりません。

追補

日本の近代化と民衆宗教

本稿は、拙著『生き神の思想史』（岩波書店、一九八八年）所収の同タイトルの論文を三分の二程度に圧縮し、補筆・修正を加えたものである。

金光教、天理教、大本教、丸山教などのいわゆる近代民衆宗教の歴史的な意義について、主として金光教を中心に論じたもので、本書の論旨を補強するものとして収録した。

はじめに

「あなたはどちらからお参りなされたか」

「……周防の国は熊毛郡大野村、徳永健次と申します。……私は眼病で参詣いたしました」

「神様へ一心にご信心なされませ。おかげはあります。遠慮はないから近うお寄んなさい。……私のことを人が、神、神と言いますが、おかしいではありませんか。私が、なんの、神であろうぞ。私は、何も知らぬ土を掘る百姓であります。……これへおいでなされるお方が神様であります（参る人を指して、神と言われたり）あなた方が神様のお子でありましょうが。生神ということは、ここに神が生まれるということであります。私がおかげの受けはじめであります。あなた方もそのとおりにおかげが受けられます。……あの天照皇大神というは日本の神様であります。天子様のご祖先であります。この神様（天地金乃神）は日本ばかりの神様ではありません。三千世界を御つかさどりなされます神様であります。……病気になると、強いものを食うては悪いと言いますが、強いものを食わんと体が弱うなります。油強い物を食いさいすれば、体が丈夫になります。……この世へは食いに生まれたのでありますぞよ。また、体へ灸をすえると傷がつきます。……あの立ち木へでも、鎌を当て、おうこ（てんぴん棒）を当てると、傷がつきます。その傷より、大風が吹くと、風折れがしますぞよ。素直に育った木は、めったに風折れはしません。人間もそのとおり、神様よりきれいな体をくだされたものであります。それに傷をつけたり、鍼を立てたりすると、体がちびます。……あの暦《こよみ》をそしるではないが、旧の暦には、今日は『麦まきよし』『菜まきよし』とあるが、……大雨降りにまいては、つまりません」(1)

ときは一八八二（明治一五）年の晩秋、ところは岡山県浅口郡大谷村の百姓家の一室。そして、みずから「土を掘る百姓」と名乗るこの家の主人は、黒住教や天理教などとともに幕末民衆宗教の一つとして並び称される金光教の教祖金光大神です。

この会話のなかには、人間を神の子とする考え方や、みずからの信ずる神を天照大神にもまさる三千世界に比類なき存在とする見方、いわれのない俗信への鋭い批判などがみられますが、これらは多かれ少なかれ、幕末から近代にかけての民衆宗教に共通した特徴でした。しかも、同じ境涯に身をおく民衆への深い共感に裏づけられた教祖の穏やかな語り口は、新政への期待に裏切られた民衆の心をしっかりととらえていった教祖の人間的な魅力を、余すところなくいまに伝えています。

しかし、一八八二年の末と言えば、自由民権運動の高揚がその極に達し、福島の農民たちが自由党員とともに決起した福島事件のただ中でした。それを思うと、いかにも牧歌的なこの会話の風情は、一見色褪せて見えます。そして、ここに民衆意識の断層を見る人たちは、歴史の進歩を促す変革意識を、疑いもなく自由民権運動のうちに見出そうとするでしょう。

確かに、この時期の民衆宗教の運動は、それ自体、政治的・社会的変革を目指す運動ではなかったし、ごく例外的なケース(2)を除いては、そうした運動と関わりを持つこともありませんでした。しかし、その事から私たちは直ちに民衆宗教の運動が民衆の解放、社会の変革と断絶したものであったと結論付けてよいのでしょうか。

（1）金光教本部教庁『金光教教典』（理解I、徳永健次の伝え、一九八三年）三四〇―三四三頁。

（2）たとえば、静岡県の「借金党」の運動と丸山教信徒が連携した「丸山教み組事件」がある。江村栄一「自由民権運動と民衆」（『日本民衆の歴史』六、三省堂、一九七四年）参照。

いずれにせよ、当時の国家や社会や民衆の生活における宗教の役割が、今日のそれとは比較にならぬくらい大きなものであったことを想起するなら、このような宗教運動が、宗教運動なるが故に果たした独自の役割を、まさに国家や社会とのかかわりにおいて、いま一度捉えかえして見なければなりません。そのことによって初めて私たちは、幕末から近代にかけての民衆意識の到達点をその深部から把握し、近代天皇制国家の内面をその足下から照らし出すことができるのではないでしょうか。

そうした観点から、ここではとりあえずこの会話の主人公である金光大神の思想形成と金光教団の成立過程に主な照明を当てながら、右の課題に接近していきたいと思います。もちろん民衆宗教の歴史的な意義は、一教祖一教団のみの検討で語り尽くせるものではありませんが、少なくとも「土を掘る百姓」を自認するこの人物の生き方の中には、当時の生産者農民が背負っていた普遍的な課題と、その意識面での戦いの集積がみごとに結晶しており、以後の教団の歩みにも、そうした民衆的性格のゆえに直面しなければならなかった近代国家との相克のあとが、典型的に映し出されていると思うからです。

近年、「高度成長以後」と呼ばれる新たな問題状況の中で、改めて「近代」の残した負の遺産を見極めるとともに、いわゆる「近代化」とは異質の民衆文化の伝統を掘り起し、再評価しようとする機運が高まってきています。いま私が民衆宗教の問題を取り上げる動機も、一つはそこにあります。しかし、そうした試みの中にはまた、「歴史」の恣意的な「切り取り」によって、直ちに現代の問題を説こうとするものも少なくありません。切り取られた「歴史」の幻想性は、畢竟、かつての国体史観と選ぶところがありません。その意味で、われわれの歴史的現実はわれわれだけのものとして直視し、彼らだけのものとしての民衆宗教の歴史的現実に向き合った時、はじめて、民衆宗教のうちに含まれる豊かな遺産は、われわれ自身のものとなるはずです。

1　幕末民衆宗教における「生き神思想」の成立

（1）思想形成を促すもの

金光教教祖金光大神と成立期金光教に関する基本的な資料としては、「金光大神《こんこうだいじん》御覚書《おんおぼえがき》」（以下「覚書」と略）、「お知らせ事覚帳」、「金光大神ご理解集」（以下「理解」と略）などがあります。前記二者は、教祖直筆の信仰的回顧録、後者は教祖ゆかりの人たちの伝える教祖の言行録で、いずれも一九八三年に刊行された『金光教教典』に収録されており、以下の教祖に関する記述も主としてこれに依拠しています。(3) また「生神金光大神」は教祖がその信境に応じて神から授かった「神号」の最後のもので、教団の正式な呼称もこれに従っていますが、俗名は赤沢文治と言い、他に川手文治郎を名乗っていた時期もあります。本書では、信仰を共有しないものがみだりに神号を用いることに憚りがあるのと、あくまで「人間教祖」という視点に徹したいので、一貫して「文治」で通すことにします。

赤沢文治は一八一四（文化一一）年、備中国浅口郡占見村の貧農の次男として生まれました。これは、天理教の教祖中山みきが生まれてから一六年のち、丸山教の教祖伊藤六郎兵衛が生まれる一五年前、大本教の開祖出口なおの生まれる二三年前の事でした。文治は一二歳のとき、隣の大谷村農業川手粂治郎の家に養子として迎えられ、伊勢参宮（いわゆる文政のおかげ参り）や四国遍路の旅に出かけた

（3）このほか伝記類としては、金光教本部教庁『金光大神』（旧版一九五三年、新版二〇〇三年）、村上重良『金光大神の生涯』（一九七二年）、瀬戸美喜雄『金光教祖の生涯』（一九八〇年）などがある。

ほかは、七〇年に及ぶ生涯の殆どをこの村で過ごしました。大谷村は備中浅尾藩蒔田《まいた》家一万石の所領で、文化一三年の大谷村明細帳によれば村高二四〇余石、耕地四五町余、人口四七五、また天保一五年の畝高書分帳によれば、高持百姓一二三名中四反以上の土地持が一三名ばかりという零細な小村でした。(4)

文治の養家も代々貧窮化の一途をたどり、養父粂治郎のときにはついに三畝一七歩を残すばかりとなって、その母親のごときは一時、蒔田家から救助米を仰がねばならぬほどだったと言います。このため粂治郎は、一念発起して江戸奉公にでかけ、その資金をもとにようやく二反六畝ばかりの土地持に這い上がったときに、はじめて文治を迎え入れたのです。養父の死後、文治は、さらに経営の拡大につとめ、一八五六（安政三）年のころにはついに四反三畝一二歩、村の高持百姓一二七家の一〇位あたりに位置するまでになりました。

ところが、こうしてようやく家運が上向きに転じた一八四〇年代から五〇年代にかけて、文治の家には思いがけない不幸が次々に襲ってきます。まず、長男が夭折したのを皮切りに、三人の子供が相次いで早世し、二頭の飼牛が病に斃れ、一八五五（安政二）年、文治四二歳の厄年にはついに自らが重病の床に臥せるという事態に見舞われます。そしてこの試練が、文治の意識変革を促す直接の契機となっていくのですが、その場合、病や死に対する恐怖心だけではなく、それが直ちに経営の破綻＝家の没落の危機と結びついていたところに幕藩制の解体期に生きる農民文治に固有の「不幸」の意味があったといえるでしょう。

ところで、このような苦難に遭遇した文治は、何によってその解決を図ろうとしたのでしょうか。その間の消息を『覚書』によって尋ねてみましょう。

女おちせ（長女）未明より病気なり、医師二人もつけ、祈念、講中、親類のごやっかいに相成り候。一日医師両人も薬り（治療し）、晩には病死仕り候。……槙右衛門（二男）当病にて、病気増し。医師服薬。医師に、いかがと伺い、心配なしと申され。その夜、夜中熱《よじゆう》にたてられ、もんらんいたし。……それからおどろき、祈念、裸まいり、総方神々願いあげ。祈念成就せず、死に申し候。……その日より、延《のぶ》治郎（三男）六歳にて、この子はほうそう出、申し、見舞いに来た人が見られて知らせくだされ候。……注連主神田筑前殿《しめぬしこうだ》（大谷村の神職）願い、五月二八日注連あげ（疱瘡などが治って注連を外し厄守りを送る行事）仕り候。親類よび、一人は死んでも神様へごちそう申し上げ、神職へ喜ぶようにお礼いたし、筑前殿より、品物法類内（神職・僧侶山伏らの仲間内）へひろめ、ふいちょういたし。

（『覚書』3－11－18。以下数字は『教典』の章・節・番号）

文治の淡々とした筆致のなかに、その無念の胸中が窺われますが、それだけではなく、一たび家内に病人が出ると、医師にかかることはもちろん、様々な祈念や祈祷が行われ、それには親類縁者から村の講中のものまでが関与し、さらには神職や山伏などの職業的な宗教者までそこに寄生して、収奪をほしいままにしていたことが分かります。ちなみに、当時のこの地方は天台宗と修験道の地盤で、とくに浅口郡一帯は本山派の根拠地児島五流の伝法院の霞下《かすみした》にあり、大谷村周辺にも相当数の山伏が勢力を張っていたことが知られています。(5) この地方では、数ある民間信仰のなかでも、日柄・方位の

（4）金光教本部教庁『金光大神・総索引・注釈・人物誌・年表』（一九六五年）所収の史料による。以下文治の農業経営の実態についても同書の史料によった。

（5）金光図書館報『土』第九五号（一九七一年一一月）特集・金光周辺の民俗（その2）所収の中山薫「修験道」にその詳細が記されている。

タブーにまつわる金神信仰が盛んで（全国的には関西以西に多く見られる）、後述する文治の新たな神との出会いも、まさにこの金神信仰への集中―内面化によってもたらされるわけですが、こうした金神信仰の流布には、山伏らの活動も深いかかわりを持っていたと見られます。(6)

それでは、このような不幸災難の原因を、文治や村の人たちはどのように見ていたのでしょうか。同じく『覚書』では、文治が四二歳の厄年に重病を患った際の様子に触れて、次のように記しています。

親類寄って、神々、石鎚《いしづち》様（四国伊予国の修験道の霊山石鎚山の神で、この地方の人々の信仰を集めていた）、祈念願い申しあげ、新家治郎子《しんやのじろうね》の年へおさがり（神霊が乗り移ること）あり。普請わたまし（転居）につき、豹尾《ひょうび》、金神へ無礼いたし、お知らせ。妻の父が、当家において金神様おさわりはないと申し、方角を見て建てたと申し。そんなら、方角を見て建てたら、この家は滅亡になりても、亭主は死んでも大事ないか、と仰せられ。私びっくり仕り、なんたること言われるじゃろうかも思い。私がもの言われだし、寝座にてお断り申し上げ。ただ今氏子の申したは、何にも知らず申し。私戌の年、年回り悪し、ならんところを方角見てもらい、何月何日と申して建てましたから、狭い家を大家《おおいえ》に仕り、どの方角へご無礼仕り候、凡夫で相わからず。方角見てすんだとは私は思いません。以後無礼のところ、お断り申し上げ。

（『覚書』3－4～5）

「普請わたましにつき……」というのは、過ぐる一八四九（嘉永二）年に家屋買収の話がおこり、陰陽頭《おんみょうのかみ》土御門家《つちみかどけ》の直門であった庄屋の小野光右衛門に日柄・方位の吉凶を見てもらったところ、年回りが悪いといわれるが、あえて繰り合わせを願って普請を強行したことをさし、それが豹尾・金神への無礼となって、その報いを受けているのだ、というわけです。「日柄・方角」は「占卜・祈祷」とともに、土御門家の支配する陰陽師の重要な家職の一つでした。したがって、光右衛門の媒介する陰陽道も、この地方では山伏の機能と並んで、元々陰陽道系の俗信に発する金神信仰を補完するものだったと思われます。当時はこのような日柄・方位の俗信が、民衆の生活から生産の万般にわたって網の目のように張り巡らされていました。そして、ひとたび誰かの身の上に不幸や災難が起こると、それは決まってこうした禁忌を犯し、厄神の怒りを買ったからだとされ、文治の場合も、周囲の人たちは、まさにそうした世間の「常識」によって文治を、そして自分自身を納得させようとしたのでした。

これに対して文治は、どの方角に無礼があったか自分は凡夫で分からない、また方角を見てすんだとも思わない、と答えています。つまり、彼はもはや世間の「常識」では律しきれないところに「凡夫」としての自らの限界を見つめ、そのような凡夫性に、あらゆる問題の根源を見ようとしていたのです。後年彼は、こうした俗信俗説の大胆な否定者となったことで知られています。しかし、その契機が、必ずしもいわゆる近代の合理思想に触れてではなく、このような凡夫認識に示されている人間存在への深い問いかけによって与えられていることを、私は何よりも重視したいと思います。

ところで、こうした俗信を包み込むところの民衆の広い意味での宗教意識は、日本社会のどのような特質が生み出したのでしょうか。それはまた、民衆の社会観や秩序観とどう関わっていたのでしょうか。以下、文治の切り開いた思想の歴史的な意味を理解する前提として、そうした問題につき、粗々考えておくことにしましょう。

（6）佐藤米司「岡山県下の金神信仰について」金光図書館報『土』第九〇号（一九六八年三月）参照。

（2）幕藩制社会と宗教

日本の前近代社会における宗教の在り方は、時代によって程度の差はあれ、次の二つの性格によって特徴づけられていると考えます。一つは人間の個々の自立性が低く、狩猟・漁労にしろ農耕にしろ「共同」の力に依存せざるを得なかった間は、その宗教活動も「共同体」ぐるみで行われ、生産力の上昇が個人的願望を目覚めさせていっても、そこで常に優位していたのは「共同体に寄せる祈願」だった、という点です。逆に言うなら、共同体の発展とともに個人の自立性が高まり、「個人的祈願」の領域も徐々に広がっていくわけですが、文治の生きた幕末の時代でさえ、この基本的な性格に変わりがありませんでした。もう一つの性格は、これはとくに稲作が持ち込まれた弥生時代以降の話になりますが、稲作も自然的条件に依拠したものとはいえ、人力に依拠する度合いが大幅に増え、荒れ地を開墾して村の基礎を作ってくれた祖先への特別な思いが「祖先信仰」という「ヒト」を神に祀る風習を生み出し、これも教祖の時代はおろか、今日にまでその影響を残しているという点です。後述する教祖の「生き神思想」も、歴史的にはこの「カミ」と「ヒト」とを連続的に捉える「ヒトガミ」信仰の伝統とは切り離せないものと私は考えています。その意味では天皇＝「現人神」の「信仰」も全くの別物とは言い切れないところに、問題の所在を見ているわけですが、それについてはあとで改めて取り上げることにします。

なお、ヒトガミの系譜には、やがて氏神として定着していく祖霊信仰とは別に、九世紀頃に始まった、この世に怨恨を遺した貴人の霊を祀る「御霊信仰」というものがあって、教祖が当初に関わった「金神信仰」もそこに淵源するものと思われますが、煩瑣にわたるのでここでは省略します。(7)

あとは、歴史の授業のおさらいみたいになりますが、六世紀、日本に到来した仏教が、徐々に民間に流布していくと、人々は共同体の祭祀では得られない個人の願望を満たすものとして、その教えを受け入れていきました。たとえば、平安初期の『日本霊異記』という仏教説話集には、行いの善悪によって夫々の報いがあるという因果応報の思想が語られています。また平安末期に普及した『地獄草紙』には、やはりこの世の行いによって落ちていく恐ろしい地獄の様子が描かれています。これらは、それによって自己の人格性に目覚めていく一つの段階を示したものと言えるでしょう。

その後、仏教の民衆化という点で大きな画期となったのは浄土真宗、禅宗、日蓮宗などの鎌倉新仏教の登場でした。とりわけ、浄土真宗の開祖親鸞聖人が、それまでの善悪で人を選別する考えを覆し「悪人の自覚を持った人こそ救われる」とした「悪人正機」説は、人々の人間観や社会観の成熟に大きな影響を及ぼすものとなりました。そして、戦国時代の末期、フランシスコ・ザビエルがもたらした切支丹の信仰が、自己の人格性と向き合うものとして日本の宗教的風土に、さらに新風を巻き起こそうとしたとき、徳川幕府は、封建的な秩序に反するものとしてこれに激しい弾圧を加え、その事が、江戸時代の民衆と宗教の関係に深い爪痕を残すことになったのです。

幕府は、「寺請《てらうけ》」といって、その人が切支丹でないことを証明する役割を寺院に請け負わせ、これによって人々は機械的にどこかの寺院の檀家となる事が強制されました。それがいわゆる「寺檀制度」です。その結果、もとから民衆と寺院の結びつきが強かった地域を除いて、人々の寺院への反感が広がっていきました。その上「葬式仏教」と言われるように、寺院の役割が葬式や法事などに限定

(7) この「祖先信仰」や「御霊信仰」を含むヒトガミ信仰の系譜については「日本人と宗教」(『はじめて学ぶ宗教』有斐閣、二〇一一、所収)の中で私の考えのあらましを述べている。

されたため、この世の幸不幸に関する「現世利益」の願いは、それを売り物にする山伏や巫女などの職業的な宗教人の手に委ねられることになります。そのため、人々の関心は、彼らのばら撒く日柄・方位などの俗信・俗説や、それに対処する呪術への期待へと閉じ込められて行き、かつての浄土真宗や切支丹が説いてきた人間の在り方への深い反省に基づく「大きな安心」「大きな救い」は見失われていったのです。文治が直面していたのは、まさにそうした事態なのでした。世の宗教学者の中には、そのような猥雑な呪術的信仰の流行に、江戸時代民衆の宗教的エネルギーの発露を見るべきだ、という人もいますが、少なくとも、そのような観点からは、教祖らが負わねばならなかった俗信との葛藤による悲しみや苦しみ、そこから切り開かれた新たな境地の意義を理解することは到底できないと思います。

ここで私たちは再び文治の問題に立ち返ってみなければなりません。

(3)生き神思想[8]の成立

石鎚神のお知らせの一件があってから二年後の一八五七(安政四)年一〇月のある日、近くの亀山村に住む実弟の繁右衛門から文治のもとに使いの者がやってきました。彼のいうには、繁右衛門が「金神様お乗り移り」と口走りながら乱心の体で「早く文治を呼んでくれ」と頼んだというのです。早速駆けつけた文治に、弟は金神の頼みとして屋敷替えの建築資金の援助を命じます。日ごろ畏敬している金神の神がかりを見て文治は大いに驚き、謹んでこれを引き受けました。見方によってはちょっと怪しげな話ですが、こうした文治の実直さこそが、後年の神観念における転回を可能にしたのでしょう。越えて一八五八(安政五)年の元旦、再び繁右衛門の口を通して次のような神のお知らせがありました。

戊の年（文治）は神の言うとおりしてくれ、そのうえに神と用いてくれ（立ててくれ）、神も喜び。

金乃神が、戊の年へ礼に柏手を許してやるからに……。戊の年、今までは、だんだん（いろいろと）不時、不仕合わせ、難を受け。これからは、何事も神を一心に頼め。医師、法人（山伏などの祈祷師）、いらぬようにしてやるぞ。

（『覚書』4―1）

二年前、文治の非を責めて止まなかった石鎚神とは趣を異にする新たな神がここに登場してきます。この神はもはや人間に災いをもたらす祟りの神ではなく、したがって日柄・方位の禁忌ともかかわりなく、ただ神を一心に頼む信心のみによっておかげをもたらしてくれる救いの神でした。この新たな金神信仰を開いた繁右衛門はまた、別のある婦人からそれを伝え聞いたのだといいます(9)。このことは、金神信仰がすでに山伏の手から民衆の手に移行しつつあったこと、つまり、それまで職業的な宗教人が独占してきた現世の禍福の問題を自らの手に奪い返し、自らの要求にかなったものとして鍛え直す傾向が、すでに、この地方の民衆の中に芽生えつつあったことを意味しています。しかし、その一方で、本来ならば除けたり封じたりするはずの金神に、自己の存在をかけて向き合い、その苦難の意味

（8）『教典』では「生神」とあって「き」という送り仮名がない。それをこのようにしたのは明確な意図があってのことではないが、強いて云えば、此の方が神を固定化したものではなく、その「はたらき」を重視した教祖の神観念にふさわしいと考えたからである。

（9）伝承によるとこの婦人の名は「堅盤谷《かきわだに》の婆さん」こと小野はるという。こうした新たな金神信仰の伝播の過程については真鍋司郎の考察「民衆救済の論理―金神信仰の系譜とその深化」（『金光教学』第一三号、金光教教学研究所、一九七三年）がある。

を問い続けた文治の主体的なかかわりが、すでに、氏子をいとおしみ、氏子の難儀を救う以外のものではありえないところの新たな民衆の祖神との出会いを準備していたのだ、とも言えるでしょう。そのことで、彼のものの見方がどう変わったのかという事を端的に言うなら、自分が神に何をして欲しいか、ではなくて、神が自分に、あるいは社会に何を望んでいるかという方向に、考え方を逆転させた、ということです。その後の彼の革新的な思想展開は、すべてそこから生まれたと言ってもいいでしょう。

こうして、繁右衛門の神がかりを契機に新たな信境を切り開いた文治は、同じ年の七月、盂蘭盆会の精霊回向のとき、突然、金乃神の言葉を自ら口にし、その後も神の声をじかに感得するようになりました。そしてこのときから、何事によらず神の意志を伺い、神の命ずるままに生きんとする新たな生活が始まったのです。

神の意志、それは見方を変えれば文治の意識の底で蠢いている密かな確信や願望そのものだったに違いありません。この頃の神の指図に、しばしば世の通念に反する事柄が多く見られるのもそのためでしょう。とくに当時の指図には農作業に関するものが多く見出されますが、それは彼の信仰が、自立した生産者であろうとするこの時代の農民の基本的な課題と、深く結びついていたことを示しています。

たとえば、同じ年の七月、稲の出穂期に秋うんかが夥しく発生しました。当時うんかがわくと、虫送りや虫供養といった呪術的な民俗信仰のほかに、享保期（一八世紀前半）頃から始まった鯨油による駆除法が一般に普及していました。そこで村人たちも一斉に鯨油を撒き始めますが、文治に対する神の指図は意外にも、彼の田には油を入れるなというものでした（『覚書』5—6）。

鯨油による駆除法の効能については不明ですが、当時としては比較的根拠のある方法だったのかもしれません。それをやめろと言うのは一見神の権威を誇示する奇蹟話の虚構のようにも見られなくはありません。しかし、文治は人一倍身を入れて耕作に励んでいたから、稲の発育も悪くはありませんでした。そうした作柄に関係なくやみくもに油を投下することは、かえって、俗信と変わりのない固定観念ではないか、このような日頃の疑問を解くために、文治は思い切って世間の「常識」を打ち破る実験を試みたのだ、と思われます。そして、この実験は見事に成功を収めたのでした。

しかし、このような文治の実験がさらに大胆に行われていくためには、もうひとつ、踏み越えていかなければならない課題がありました。それは、既存のムラ＝共同体に枠づけられた宗教組織からの脱却でした。同じくこの年の『覚書』によると、文治が幻に見たという天照皇大神と金乃神の会話の模様が記されています。

金神「天照皇大神様、どうか文治を私に下さい」

天照「はい、あげましょう。……とは言いましたが、あげられません。文治のような氏子は、ほかにいませんから」

金神「いったんやろうと言ってからやらんとは、約束違い、ぜひもらいます」

天照「そう言われるなら、あげましょう」

（『覚書』6―1、ただし原文を会話体に改めた）

文治の様な氏子はいないというのは、文治が長年、この村の伊勢御師《おし》(10)手代の札配り・荷送り役を務

（10）伊勢神宮の下級の神職。宇治山田で旅館を営み、参拝客を募るため、全国の村々に伊勢講を組織させ、毎年手代を派遣して、土産物のお札や伊勢暦を配らせた。

めて来たという特別の関係を指しています。しかも、この役は村から任命され、出費もすべて村の歳費で賄われるという公的色彩の強いものでしたから、これをやめるという事は、まさに共同体の祭祀組織から解放されるための不可欠の布石であり、此のフィクションの全ては、それを実現するための伏線に他ならなかったのです。そして文治は、間もなく、隠居を名目として、ついにこの目的を達成したのでした。

こうして、神の指図による様々な実験に明け暮れたこの年の暮れ、神は、文治のゆるぎない信心を見定めたかのように、「文治大明神」の神号を彼に与え、これまで彼が直面してきた不幸の因縁を説いて聞かせました。それによると、文治が位牌を継いだこの家の先祖に金神への無礼があったのだ、というのです。これを聞いて文治は、これまでいくら神仏を願ってもかなわず、難儀を蒙ってきたのは、「天地金乃神様[11]へのご無礼を知らず」に来たからであることを思い知らされます。この時神は、文治を襲った数々の不幸が、実は、その都度、神への無礼を知らせるためのものであり、「実意丁寧」な神信心のゆえに夫婦の命までは取らなかったことを明かしたのでした（『覚書』6―9参照）。

ここには、人間の不幸を巡る一般的な理解とは異なった新たな「不幸」の意義づけが見られます。すなわち、この世の不幸が、神の一方的、偶発的恣意による、というのが当時の流行神的、呪術的な民間信仰の「不幸」観だったとすれば、文治のそれは、あくまで、神への無礼を知らない人間の側にその原因が求められています。しかも、その不幸にさえ神の人間への救いの啓示を見ようとする「神義論」は、それまでの民間信仰には全くない種類のものでした。このように、人間の不幸の責めを人間自身が負い、神にはひたすら救いの愛と義を仰ぎ見る慎ましくも力強い信仰が、当時の民衆の主体形成に画期的な意義を担うものであったことは、多言を要しないでしょう。

文治のことを聞きつけて、時折人が訪れるようになったのはこの頃からでしょうか、この年の秋、「世間になんぼうも難儀な氏子あり、取次ぎ助けてやってくれ。神も助かり、氏子も立ち行き。氏子あっての神、神あっての氏子、末々繁盛いたし、親にかかり子にかかり、あいよかけよで立ち行き」（『覚書』9—3）という神の頼みに従って、文治はいよいよ民衆の救済者として立つことになりました。金光教ではこの時をもって立教のときとし、右のお知らせをもって「立教神伝」と称えています。

文治はこの後、自宅の広前《ひろまえ》（神への取次の場、一般的には神を祀る場所）として、救いを求めてやってくる多くの人々に天地金乃神による救いを説き、治病のこと、農事のこと、その他人々の抱える様々な難儀についてのよき相談相手となっていきました。この民衆との対話の中で、とくに文治が強調したのは、

当時の教祖の広前のレプリカ

（11）金光教の主神の神名。ほかにも「金神」「金乃神」等々時と場合によって使い分けられているが、一八七三（明治六）年、信仰の要諦を示した後述のいわゆる「天地書附」の中に位置づけられて以来、正式の神名としての地位を確定した。

いうまでもなく、それまでの「禍福」の観念を支配してきた俗信俗説の迷妄から目覚めることでした。

人間は勝手なものである。生れる時には日柄の良し悪しも何も言わずに出てきておりながら、真ん中の時だけ何のかのと勝手なことを言って、死ぬ時には日柄も何も言わずに駆けっていってしまう。

（「理解Ⅱ」、青井サキの伝え3）

平易な言葉で事柄の本質をついたみごとな表現ではありませんか。また、「はじめに」にも引用しましたが「天照大神は日本の神様だが当方の神様は日本ばかりの神様ではない。三千世界をつかさどる神様だ」という把握から、翻って人間に対する独自の平等観と連帯感が導き出されます。「天が下の者はみな、天地の神様の氏子である。天が下に他人はない」（「理解Ⅱ」、佐藤光次郎12）。そして彼はいい切ります。「伊邪那岐《いざなぎ》、伊邪那美命《いざなみのみこと》も人間、天照大神も人間であり、その続きの天子様も人間であろう」（「理解Ⅱ」、市村光五郎）。あるいは、「古人は、女の腹は借り物であると言うが、借り物ではない。万代の宝である」（「理解Ⅱ」、前掲佐藤）「女は神に近い」（「理解Ⅰ」、島村八太郎の伝え20）という女性への尊敬も、文治の常に強調してやまないところでした。このほか、彼の民衆的立場に立った革新的な思想を伝える教説やエピソードは枚挙に暇がありませんが、いま一つ、文治が一八六二（文久二）年に、山伏や代官所の役人から激しい迫害を受けたとき、「今は徳川の時代であって、石垣を積んだようにぴりっともするものではないが、三十年先では世も変わり、この道が貫く」（「理解Ⅱ」、高橋富枝の伝え22）と、来たるべき変革の時を見事に予見していることも付け加えておきましょう。

ところで、右に見られるような文治の合理的なものの見方や人間愛の思想は、さらに、一つの究極的な思想原理、新たな神観念に対応する独自の自己解放・民衆救済の原理によって媒介されているこ

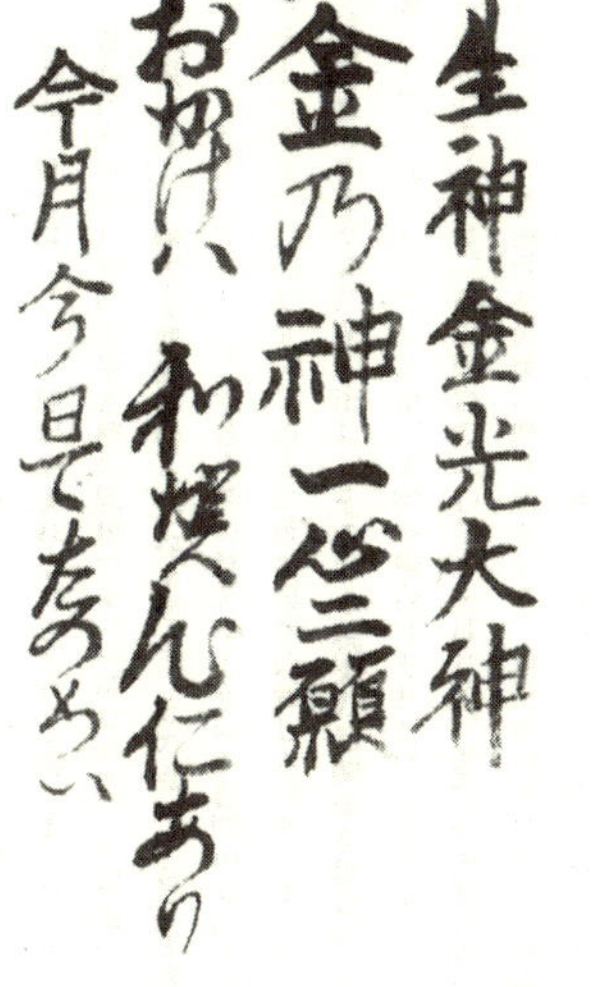
生神金光大神
天地金乃神一心ニ願
今月今日でたのめい

教祖直筆の「天地書附」

とを、私たちは見逃すわけにはいきません。いま彼自身の言葉の中にそれを求めるなら、彼が一八七三（明治六）年に信心の要諦として示し、今日「天地《てんち》書附《かきつけ》」の名で呼ばれている「生神金光大神（神の許しによって文治が最後に称えた神号）、天地金乃神、一心に願《ねがえ》、おかげは和賀心にあり、今月今日でたのめい」（『覚書』21—10、）という言葉の中に、とりわけ「おかげは和賀心にあり」という一句の中にすべて表現し尽くされていると言えるでしょう。すなわち、相次ぐ苦難に直面し、既存の価値観に拠った自己回復の試みがすべて空しいものであることを知らされた文治が、それでもなお否定しえないものとして最後に見出したものこそは、氏子の難儀を救うもの以外ではありえないところの新たな神の存在と、それを受け止めることのできる唯一の主体としての自己の心の存在でした。

　このように心の普遍性を最後の拠り所として、自己の内面に生への積極的意思を打ち立てていこうとする思想のタイプは、石田梅岩の「心学」をはじめ、近世の中期以降に登場してくる民衆的諸思想に共通して見られるものでしたが、[12]文治の場合はそれだけには止まらず、およそ真実なるもの（彼に

（12）この点については、安丸良夫の人口に膾炙した研究（『日本の近代化と民衆思想』青木書店、一九七四年）がある。

とっては神の意志）をそこに映し出し、そこから現実の諸関係を批判的に捉え返す原点として、「心」の働きをとらえていたのです。この点に彼の思想の新しさがありました。

しかし、それにしても、ここで言う神の意志なるものが自明のものではない限り、人間の心は常に恣意と放縦に流れ、勝手な偶像を作りかねません。その点でさらに注目したいのは、この「天地書附」の冒頭にも示されている生き神の思想です。「はじめに」の冒頭でも紹介したように、文治は生き神の意義をしばしば「ここに神が生まれる」ことだと説きました。これは文治が新たな信境を切り開くたびに神号が改まっていったことからも窺えるように、人間は神であるのではなく、絶えざる自己吟味によって神であろうとする存在であり、そうした能動的・主体的な姿勢の中に、実は神のはたらきが生きているのだ、人間の主体性と神のはたらきが一体となったとき、そこに新たな神が生まれる、生まれ続ける、そのような意味だと理解されます。しかも文治の説くところによれば、生き神は単に教祖である文治にのみ体現されるのではなく、神の氏子たる人間はすべて生き神たりうるのだ、とされていました。文治における合理的な批判精神や新しい人間観の成立は、こうした生き神思想というダイナミックな思想原理に媒介されて初めて可能となったのです。

このように、人間の無限の可能性を信ずる豊かなオプティミズムと、しかも、瞬時たりとも止まることを許さない厳しい自己変革の要求に裏づけられた文治の生き神思想は、宗教意識の変革を不可避とする幕末の民衆解放思想が、所与の歴史的条件の中で考えられる可能性をギリギリのところまで切り開いたものだ、と見ることができます。言い換えればこのような生き神思想の成立において初めて、幕藩体制解体期における民衆の自己解放の要求に、一つの思想的表現と方法的視座が与えられたのです。生き神思想成立の、引いては幕末民衆宗教成立の歴史的意義を、私は何よりもこの点に求めたいと思います。

なお、同時代における文治以外の代表的生き神教祖で、その生き神思想を何らかの意味で共有していると思われる人たちに、天理教の中山みき（一七九八―一八八七）、丸山教の伊藤六郎兵衛（一八二九―九四）、大本教の出口なお（一八三七―一九一八）らの名を上げることができます。しかしこれらの教祖たちについてはすでに多くの紹介や研究がなされているのでここでは省略します。

（4）世直しと生き神

封建的宗教意識の変革を通じて自己解放を果たそうとする民衆宗教の運動は、このように教祖らの生き神思想に至って一つの結実を見ます。しかしそこにはそれらが生み出されてくる思想的な前史がありました。まず、われわれは、近世の中頃から民衆の間で盛んになる明神《みょうじん》や霊神《りょうじん》の信仰（ある特定の人物の霊を神として祀り、その人物にまつわる特定の事情を信仰の対象とするもの）に、その思想的な起点を見ることができます。

この神の著しい人間化、人間の著しい神格化を特色とするヒトガミ的な信仰の起源は、稲作文化の発生にまで遡るものと思われますが、祀られる対象が極めて個人化し、かつ庶民化してくるのは近世になってからの特徴です。しかも、発生の当初には、先述のように呪術性の強い民間信仰と結びついていたものが、しだいに怨霊《おんりょう》・御霊《ごりょう》等の祟り神的な性格を克服し、民衆を内面から救済する神へと昇華していった点に、これまでのヒトガミ信仰とは異なる大きな特徴がみられました。一八世紀の半ばころから、百姓一揆の高揚に結びついて発生してくるいわゆる「義民信仰」（百姓一揆で犠牲になった指導者の霊を祀る。佐倉惣五郎や磔茂左衛門が有名だが、同種の信仰は全国的に見られる）は明らかにこうした霊神信仰の発展した形態の一つだと考えられます。

また、山伏や巫女などの祈祷師がみずから、あるいは他の民間人に生霊や死霊を憑依させて行う寄《よせ》加持《かじ》や憑祈祷《よりきとう》なども、ヒトガミ的な観念の上に展開されたものと思われますが、幕藩制の解体期には、繁右衛門の例のように、職業的宗教人の影響から脱却した一般の民衆が、その呪術的多神観を克服しつつ自ら神がかりになるという光景が、しばしばみられるようになりました。その意味で、幕末民衆宗教における生き神思想は、それに先立つ広範な人々の試行錯誤の上にこそ築きえたものだった、と考えられます。

もちろん、この両者は、その思想の成熟度において、厳密には区別されねばならない点が多々ありますが、少なくとも「自己神格化」による解放という一点のみを共通の指標とするなら、そうしたエトス（精神的な雰囲気）は、幕末という一つの時代を画するものだったといえるでしょう。そうした観点から見たとき、例えば一八六七（慶応三）年に日本列島を席巻し、倒幕を早めたとも言われる「ええじゃないか」の民衆像に、われわれは最も素朴な形を取って発現した「生き神」の姿を見て取ることができないでしょうか。しかし、それより、維新の最深部を担った世直し闘争などで、「世直し大明神」の蓆旗を掲げ、自らを「世直し神」と称え、代官所の役人たちを蹴散らす一揆衆の姿に、さらに革新的な意義を担った生き神の姿を、われわれははっきりと見て取ることができるでしょう。(13)

このような巷間の生き神たちの輩出の背景には、民衆の一般的な宗教意識の高揚があったことも見逃すことはできません。たとえば神祇伯（朝廷の神祇官の長）白川家の門人帳というものを開いてみると、それまで一般の民衆が取得困難だった神主の補任状や神拝式の許状が、一九世紀初頭から容易に取得できるようになり、入門者が、維新にかけての半世紀余りに、二五〇〇人にも達し、その内百姓、大工、医師、杣職などの一般庶民が半分近くを占めるという事態が見られます。後述のように、文治も山伏らの迫害を切り抜けるため、やむなくこれらのライセンスを取り付けています。

もちろん、この白川家が尊王攘夷思想と深く結びついていたこと、一般的にはこうした国学・復古神道の思想が、イデオロギー的にははるかに体系性を持ったものとして状況を常にリードしていたことは無視できません。その意味で、こうした生き神思想が、それらに匹敵するような世界観・秩序観にまで自からを鍛え上げていけなかったことは、大きな限界としておさえておく必要があるでしょう。しかし、いかに未成熟であれ、民衆の自己解放と世直しの要求を深部から支えたものとして、その限りでは、「現人神」に対する服従を心情的に調達しようとする復古神道とは自ずから異質な内容と方向を持った独自の宗教意識として、この生き神思想の果たした歴史的役割は正当に評価されねばなりません。

このようにして、世直しの精神状況を深部から支えた生き神は、いわば「民衆の神」「人民の神」として、一方で形成されつつあった「国家の神」「権力の神」としての現人神と競合しつつ、雌雄を決すべき新しい時代の夜明けを待っていたのです。

(13) たとえば一八六三(天保七)年の三河国加茂一揆の様子を伝えた「鴨の騒立《さわぎたち》」という史料などには、世直し神を唱えて代官所の役人らを蹴散らす一揆衆の姿が活写されている。また、一八五三(嘉永六)年の南部藩「三閉伊一揆」の首謀者の一人、三浦命助の「獄中記」に「神とは生きたる人の事なり」という思想が語られているのも興味深い。これらのほか、関連する資料が、日本思想体系58『民衆運動の思想』(岩波書店、一九七〇年)に多く収録されている。

2 民衆宗教と国家――生き神か現人神か

(1)「近代」へのプロローグ

一八八三(明治一六)年七月のある日、大阪の神道分局の二人の男が文治に面会を求めてやってきました。訪問の目的は、この頃京阪地方にまで教勢を伸ばしてきた金光教を、国家神道体制に取り込むために文治を説得することでした。これにはまた、文治の弟子たちの思惑も絡んでいました。すなわち、折から目立ってきた官憲の禁圧に対処するためには、神道教派としての組織化以外に道はないというのが、弟子たちの考えでもあったからです。このとき、分局員らによって提示されたのは、「金乃神」の神号にちなんで金山彦命《かねやまひこのみこと》を祀る美濃宮代の南宮《なんぐう》神社の分霊を勧請して、文治の広前をその出社とし、そこから布教公認への道を開くことでした。この意向を取り次いだ弟子の佐藤範雄に、文治は言下に答えました。「此の方《かた》の神様は違う。そのとおりにはできませぬと言うてくれ」(「理解Ⅲ」、内伝7)。文治の回答を聞いた二人は「論外じゃ」と舌を巻いて退散したといいますが、私たちはこの一件の中に、金光教だけはなく、近代の民衆宗教が民衆のための宗教として発展し続けるか否かの岐路を問う問題が含まれていた事を見て取ることができるでしょう。

先述のように、金光教では安政六年の「立教神伝」をもって教団成立の起点としていますが、そのち文治の門をたたく人たちは次第にその数を増していきました。文治がその翌年から書き始めた「願主歳書覚帳《ねがいぬしとしがきおぼえちょう》」(篤信者の住所、氏名、年齢などを記録したもの)によると、初期の頃は毎年百人前後の人たちの名が記録されていますが、その中には「講連中」「講元」などの名も散見されます。組織的には、共同体的なものにも軸足を置いていたことが、初期の発展を支えていたのかもしれません。また、信者たちの中には斎藤重右衛門のように、早くから文治の信を得てその地に広前を開き、取り次ぎを行う者も現れますが、「出社《でやしろ》」と呼ばれたこれらの高弟たちの活動は、更に広い地域と様々な階層の人たちに教えを広めていく原動力となりました。

こうして、教勢は次第に伸びていきましたが、一個の教団を創設する念慮などはもとより文治とは無縁のものでした。しかし、民衆の自由な宗教活動が制限されていた当時にあって、次々に降りかかってくる様々な障害は、文治の内面に新たな緊張を呼び覚ましていきます。まず、一八六二（文久二）年には修験者による文治への迫害が相次ぎ、翌年には重右衛門も代官所に捕えられて激しい拷問を受けます。いずれも新義異宗の禁をその名とするものでした。このような事態の下で、取りあえず布教の公認に打開を求めた文治は、ついに白川神祇伯に願い出て、一八六四年には神拝式許状を、六七年には神職の補任状を取り付けています。このとき文治は代人に、官位の件はお願いするが「金神広前では京都御法のとおりにはできませぬ」（『覚書』15—1参照）と断りを入れていますが、文治にとってこれは立教の根本義を貫くためにのみ許されるギリギリの選択だったに違いありません。

やがて世が明治と改まり、政治や社会の諸制度が急激な変化を遂げていく中で、一八七一（明治四）年、文治の神職資格が剥奪され、七三年には戸長から「神前撤去」（祭具などの撤去、事実上の布教禁止）を命ぜられるなど、状況は一層悪化していきました。しかし、文治は、再度教導職[14]などの資格を取ろうとはしませんでした。それは神道国教化であれ神仏による国民教化であれ、国の推進する宗教政策が、自らの信仰とは全く相容れないものであることを見抜き、自らの内面に強固な信心を打ち立てて

（14）教部省におかれた国民教化を任務とする職。神官・僧侶の中から選ばれた。

いくことこそがこの苦境を乗り切る唯一の道であることを確信していたからでしょう。その意味で、ちょうどこの頃、信心の要諦を記した「天地書附」が示され、文治の信仰的自伝ともいうべき『覚』の執筆が始まるのも、単なる偶然だったとは思えません。

こうした中で、文治の取次を受けた信徒たちの中から、次代を担うべき指導者が次々に輩出し、その教線も、中国へ近畿へと着実に伸びていきました。しかし、非公認のままでの布教は困難を極めたため、各地の出社では、やむなく神道事務局や他の教団に帰属して布教の維持を図るものも増えていきました。こうした事態に危機感を募らせた直信の白神新一郎（二代）、近藤藤守、佐藤範雄らは、公認による教団統一の必要性を痛感します。かくして、神道各派の相次ぐ独立を見た一八八二（明治一五）年、佐藤は公認の前提となる信条の制定を教祖に進言します。これに対して文治は、「此の方は、独立してもせんでも、人が助かることさえできれば、結構である」（「理解」Ⅲ、内伝9）と、公認には消極的であることを伝えました。

しかし、翌八三年秋、文治はその死を目前にして、佐藤の再度の懇請を容れ、信条はここにようやく陽の目を見ることになります。後のいわゆる「慎誡」「神訓」と呼ばれるものです。両者は合わせて八二ヵ条から成っていますが、その内前者の「神国の人に生まれて神と皇上《かみ》との大恩を知らぬこと」と、後者の「わが身はわが身ならず、みな神と皇上との身と思い知れよ」の二ヵ条だけは、民衆の生活に密着した信仰の在り方を説いている他の条項とは極めて異質なものであり、これは、復古神道教義に精通していた佐藤の進言によるものに違いないと、私は見ています。後年、国体明徴、戦争協力の種々のパンフレットに、此の二ヵ条が最大限に利用されようとは、教祖も予想だにしなかった事でしょう。

一方、大阪布教の開拓者である初代白神新一郎の急逝によってその遺志を継いだ近藤は、神道大阪事務分局のものと公認についての協議を重ねましたが、その際、祭神の「天地金乃神」が、国典にないものである点が指摘され、そこで、前述のような提案をもった分局員の来訪となり、「此の方の神様は違う」という文治の断りとなったわけです。

文治の言葉が示しているように、もともと民衆宗教の神は国家神道の神とは異質なものであり、その名称も、天理教の天理王命《てんりおうのみこと》、丸山教の元《もと》の父母《ちちはは》、大本教の艮《うしとら》の金神など、国家神道の側からすれば、皇典にもない「外道」の神々でした。それが、やがて国家神道系の神々に祀り替えられていくのは、「公認」を得るための妥協に他なりません。また、天理教には「こふき」、大本教には国祖引退説話のような記紀神話とは異なる神話があり、それが国家権力をしてこれらの宗教を異端視させる原因ともなりました。

しかし、両者におけるより根本的な差異は、何よりも神の性格そのものに見出されなければなりません。まず、天照皇大神に代表される国家神道の神は、文字通り「国家の神」であり、「天皇の祖神」であり、その役割が国体を顕現し、皇国を鎮護する点に求められるのに対し、民衆宗教の神は、三千世界に比類のない「人類の神」であり、「民衆の祖神」であり、苦難にあえぐ民衆の救済をその働きの根本とするものでした。また、前者においては神の権威を体現するものが「現人神」たる天皇の一身に集中し、民衆はすべて御稜威《みいつ》（天皇の威光）になびき伏すべき「民草」なのに対し、後者においては、全ての民衆が祖神の分霊を心に宿した「神の子」「生き神」として捉えられていました。この場合、現人神の権威を保障するものが「万世一系」の血統を継ぐという「事実」（歴史家の間ではこの「事実」も疑問視されている）そのものであるのに対し、生き神のそれが神の救済に対する自己の「信心」

のみによって保障されているという点も、重要な差異だと言えるでしょう。そして、この差異の内に含まれている問題の重要性を直感し、たとえ形の上であっても国家神道系の神社と野合することは、自己の宗教にとっての自殺行為だという事を鋭く認識していたがゆえに、文治は断固としてこの申し出を拒否したのです。

これを信心と組織という問題に即して見るなら、直信らの立場が、教団あってこそ信心も貫かれる、というものであったとすれば、この道の信心あってこその教団であるというのが文治の一貫した立場だったといえるでしょう。むろん、信教の自由が実質的には何ら保障されていない厳しい現実にあって、直信らの立場にもそれなりの根拠があることを、文治とて熟知していたはずです。その意味で、これは必ずしも二者択一的に割り切れる問題ではありません。しかし、その点を踏まえた上で、たとえ歴史的な状況がいかように変化しても、この世に難儀な氏子のいる限り、教団が命あるものとして働き続ける根本のところを、文治は身をもって示したのでした。そしてはからずも、それから間もない一八八三（明治一六）年十月十日、文治は取次一筋に捧げてきたその生涯を閉じたのです。

(2)「独立」の代価

旧稿では、ここで「生き神か現人神か」と題する一項を立て、国家神道を支柱とする天皇制国家の宗教的性格にかんがみて、自由民権運動は少なくとも宗教的次元では、その対立者ではなかったし、本来的には最も鋭い対抗者たるべきキリスト教も、その支持基盤が士族・豪農層に限られていたため、最もラジカルに国家と対抗しうる論理を内包していたのは民衆宗教だった、という事、その故にこそ、民衆宗教は絶えず国家の統制や弾圧の対象となり、やがては、金光、天理の有力二教団が、最後の教派神道として国家神道体制に組み込まれていかなければならなかったことを、主として明治国家の宗教政策の展開に即して論述しました。しかし、本稿では、紙幅の制限があるのと、これを書いた当時は、まだ多少とも学界を意識していて、議論がやや内向きになっている嫌いがあるので、この部分はカットさせてもらいます。もちろん、不要な議論とまでは思っていないので、関心をお持ちの方は、『生き神の思想史』（岩波書店、一九八八年）所収の旧稿をご覧いただければ幸いです。ということで、議論を先に進めます。

　金光教が別派独立を果たしたのは、同じ幕末民衆宗教として並び称される天理教の独立に先立つこと八年、一九〇〇（明治三三）年の事でした。他の教派神道各派に比して遜色のない内容を持ちながら、天理教に次いで公認が遅れた最大の理由は、天理教と同様、国家神道とは極めて異質な教義を持っていたことと、教祖文治が、これも天理教の中山みき同様公認には慎重な態度を保持し続けていたからでした(15)。しかし、教祖亡き後、教団の主だった人たちは、早くも公認の道を求めて動き始めました。たとえ教祖が、いま少し命を長らえていたとしても、これは誰も止めることのできない時の勢いというものだったでしょう。しかし、そこで得たものと失われたものの大きさを、今だからこそわれわれは問うことができるのだし、またそうしなければなりません。

　まず、教祖五〇日祭の日、幹部らが鳩首協議の結果、教祖の四男金光萩雄（金光大陣）が教務を統括、五男宅吉《いえよし》が教祖の取次を継承し、二代白神と近藤は主として布教面の、佐藤はもっぱら教団設立

(15) 中山みきも「律（法律）よりも心定めが第一」であるとして、国家神道との一体化による合法化の道を拒否している。

のための、夫々責任を負うこととなりました。そこで、佐藤は、当時神道事務局幹事として重きをなしていた野田菅麿に随行して広島県下の宣教を手伝い、教会設立の運動に挺身し、一八八五（明治一八）年には神道管長稲葉正邦に願い出て、神道備中事務分局所属金光教会設立の認可を取り付けました。この時に、佐藤が起草し、事務局系神官二人が校閲して制定された規約は、教祖からの逸脱の度合いを測る上でも、以後の修正点と対比する意味でも重要と思われるので、次にその一部を紹介しておきます。

（神道金光教会規約）

第壱章　総則　第一条　三条教憲及神誡十二条ニ則リ、惟神《かんながら》ノ大道ヲ宣揚スヘシ

第弐章　主神　第弐条　日乃大御神、月乃大神、金乃大神、右三柱ノ神ヲ本会ノ主神トシ、左右相殿ニ、産土神、教祖神霊ヲ鎮祭ス

第三章　拝礼　第四条　毎日早天、賢所《かしこどころ》神霊、天神地祇、歴代皇霊ヲ遥拝スヘシ

第四章　遺教　第五条　教祖三拾余年間道ノタメ国家ノタメニ教諭セラレタル神誡左ノ如シ　一、神国の人に生れて神と皇上との大恩を知らぬ事（以下略）

第五章　誓約　第六条　三条教憲ハ終身之ヲ謹守スヘキ事

第七条　惟神ノ大道ヲ遵奉シ、生死ヲ神明ニ信頼スヘキ事、

第八条　異端邪説ニ惑ヒ、外教ヲ信ス間敷事

第九条　報本反始[16]、人タルノ通義ヲ達スヘキ事

第拾弐条　各其業ヲ励ミ、黽勉《びんべん》従事シテ国恩ニ報スヘキ事

第拾参条　教祖ノ遺教慎誡ニ違フ間敷事（以下略、傍線筆者）

この規約の前文である「緒言」には「国体」と「惟神《かんながら》」の思想が表明されていますが、これは神道事務局傘下の教会として公認されるには、最低の条件だったといえるでしょう。しかし、いずれも教祖の思想からの甚だしい逸脱だったことは言うまでもありません。「惟神」というのは神代から伝えられてきた、神の心のままで人為の加わらないまことの道という、神道の根本精神を説いたものですが、近代天皇制国家の下では、それが国家国民の依るべき精神として事あるごとに強調されました。第一条にある「三条教憲」(「三条教則」ともいう)というのは、一八七二(明治五)年、それまでの廃仏=神道国教化政策の行き過ぎを是正し、神仏教導職による国民教化政策を推進するために教部省を新設した際、教化の指針として制定されたもので、次の三条から成っています。

一、敬神愛国ノ旨ヲ体スヘキ事
二、天理人道ヲ明ニスヘキ事
三、皇上ヲ奉戴シ朝旨ヲ遵守セシムヘキ事

これも国体論との接合に意を砕いた佐藤範雄はいざ知らず、教祖本来の教えとは殆ど接点のないものでした。祭神もなぜか「天地金乃神」以前の段階に戻され、しかも、「生神金光大神」が消えて、単に「教祖神霊」として「左右相殿」に押しやられたことは、金光教の生命である「生き神思想」の後退につながる致命的な転換だったといわなければなりません。こうした大きな犠牲を払って、金光教はようやく別派独立への第一歩を踏み出したのです。

(16) もとは中国の「礼記」にあるもので、自然や祖先の恩恵に報いるという意味だが、日本では幕末から第二次大戦まで国家神道推進のための道徳として盛んに鼓吹された。

しかし、設立された金光教会は、神道地方分局の附属教会でしかなく、他府県への布教にはなお思うに任せぬものがあったため、教会は直ちに神道本局（一八八六年神道事務局改め）に直轄教会昇格への運動を開始しました。その結果、一八八七（明治二〇）年には本局直轄六等教会への昇格が認められ、各地出社の教会への結集と、教勢の「自由」な発展が可能になりました。しかし、そのためには、ここでも旧に倍する教規上の制約を、その代償として支払わなければなりませんでした。翌八八年に成った「規約改正」がそれです。

この改正は、本局固有の「神道教規」に基づくものであっただけに、さすがの佐藤ら教団幹部も二の足を踏んだもののようです。また、一部の布教師や信者たちの中からも反対運動が起こって不穏な気配となったようですが、結局は佐藤が泥をかぶる形で改正は強行されました。万事体制に順応してきた教団側をも逡巡させた問題とは、教団の生命たるべき主祭神の問題でした。ここでは固有の祭神を「天地金乃神」に復することができたものの、同時に、「神道教規第二条ノ祭神」、すなわち「宮中所斎の神霊……特ニ天之御中主神《あめのみなかぬしのかみ》、高皇産霊神《たかみむすびのかみ》、神皇産霊神《かみむすびのかみ》、伊邪那岐《いざなぎ》神、伊邪那美《いざなみ》神、天照大神……」以下八百万《やおよろず》神を奉ずることが義務付けられたのです。これはすすんで国家神道と一体化することに他なりませんでした。

また、「教祖金光大神」は単に「金光教祖」に、「神恩報謝ノ要務」は「神皇ノ恩報謝の要務」に、「神恩ヲ奉シ」は「神徳皇恩ニ報酬シ」にそれぞれ改められ、新たに「衆心合力以テ顕ニハ一身ヲ行政官ニ隷シ、皇民ノ本文タル敬神尊王愛国ノ大義、報本反始ノ誠意ヲ明ニシ……」の一句が加えられたほか、旧規約の「教祖の遺教慎誡ニ違フ間敷事」が跡形もなく消し去られました（以上傍線は筆者）。ここには、もはや金光教らしい姿を留めるものは殆どなくなったと言ってもいいでしょう。かくして、佐藤が「独立に進むべき第二歩」と評した新「条規」の成立は、正確には国家神道との一体化を進める第二歩でしかなかったのです。ただ、こうした国家への対応が、すぐさま教団の性格を全面的に規定したと見るなら、それは正しくありません。なぜなら金光教が、固定化された教義よりは、氏子の難儀に即した「取次」をもってその生命とする限り、そこにはさしあたって国体の教義の持ち込まれる余地はなく、また、取次のかなめである神前奉仕者宅吉も、信徒たちの信望を一身に集めて、教祖の信心の灯を忠実に守り続けていたからです。

一八九三（明治二六）年、その宅吉は、四〇歳の若さで他界しますが、わずか一四歳で跡を継いだ嗣子の攝胤も、幼時からの厳しい修行によって、教統を見事に継承していきました。その意味で、今日の教団があるのは、この父子の生涯にわたる無私無欲の神前奉仕の賜物であると言っても過言ではありません。しかし、他方では、国家への対応や教団政治にかかわる部門が、もっぱら教会長の萩雄や佐藤の手に委ねられ、そこから生じた教務と取次の乖離が、先に見た事態の背後にあったとすれば、そうした二元的な構造にこそ、当時の教団が抱えていた問題の本質があったと見るべきでしょう。

その後、教会は、一八九一（明治二四）年に三等直轄教会に昇進し、九四年には、新たな時代に即応した教師の育成を目指して神道金光教会学問所（のちの金光中学）を開設するなど、着々と教団としての体裁を整えていきました。こうして、いよいよ一教独立の機運が高まる中、九九年、神道本局はついに「金一〇〇〇〇円也を神道本局維持金として本局へ納入のこと」（定約証）と引き換えに別派独立を認めたのです。

当時の物価と今日の物価を米の値段で比較してみると、私の概算では、約二七七〇倍、つまり今日のお金で約二七七〇万円近くの大金を収めて「独立」を買ったわけです。こうして、教会から全権を委託された佐藤は東京布教の立役者畑徳三郎らと教規・教則を作成し、これに「別派独立誓願理由書」を添えて、同年七月、内務大臣西郷従道あてに提出の運びとなりました。一万円の納金によってもはや遠慮も要らぬことになったせいか、「誓願理由書」には、本局のもとで強いられてきた制約の苦痛があからさまに記されています。いわく「本教は全く教義祭神に於ける自由を剥奪せられ……主神にあらざる神を数多祭祀し……これ実に教祖立教の大旨に違背するものにして……」といった具合です。それまでと手の裏を返したような言い草で、望んで本局入りを果たしてきた自らの責任には頬かむりをしている所に、かなりの違和感を覚えますが、本局下での境遇がいかに耐えがたいものであったかについては、想像に難くありません。この国家神道の別動隊、神道系教団のお目付役としての本局の果たした役割の大きさは、不幸にして一九四五（昭和二〇）年の敗戦まで本局の膝下にあった丸山教の衰退ぶりからも理解できるところです。

しかし、本局とのあらゆる差異について強調することは、一面で本局からの分離独立を正当化することになりますが、反面でそれは国家神道教義との差異を強調し、かえって内務当局に独立の認可を逡巡させる両刃の剣ともなりかねませんでした。すなわち、佐藤が請願書提出から内務当局にお百度を踏んでようやく認可も間近いと思われた頃、考証官荻野某から四九ヵ条にわたる質問状が示され、回答を求められるという難題を吹っ掛けられたのです。その中心にあったのは言うまでもなく奉祭主神に関するもので、焦点は「神道普通ノ神トノ関係」でした。教派神道一三派の内国家神道系の神でないものが金光教だけとあっては、内務省がこれに拘ったのも当然だったと見るべきでしょう。これに対して佐藤が何と回答したかは詳らかではありませんが、結局この問題は以後双方とも触れないという約束で一応の決着を見ました。

このほか内務省は、教会建築の図面も神社に似ていると難色を示し、さすがの佐藤も逆上して誓願放棄を口走る一幕もあったようですが、内務当局側にどのような打算が働いたのか、折しも第二次山県有朋内閣が陸海軍大臣現役武官制を確立し、治安警察法を公布して、列強帝国主義のアジア分割競争に伍していく体制を作りつつあった一九〇〇（明治三三）年六月、金光教はついに当時としては異例とも言える「別派独立」を認可されたのです。

苦節一七年、こうして成った「独立」を教団の人たちがいかに喜び迎えたかは言うまでもありません。これによって、自らの意志に基づく布教活動と教団運営が曲がりなりにも保障されたからです。しかし、たとえ方便にしろ、本局下にあって敢行された大幅な教義の修正＝「生き神」の「現人神」への屈服は、別派独立による多少の手直しでは取り返しのつかぬほど深くその後の教団の歩みを規定することになりました。しかも、ここで言う「独立」とはむろん、本局からのそれであって、国家からのそれではありませんでした。すなわち、当時の神仏各教宗派では、一八八四（明治一七）年の太政官布達によって、管長に教師の任免等の主要な権限が委ねられ、その管長の任命や教規宗制の認可権はまた、主務官庁の掌中にありました。そうした管長制度の軛《くびき》は、やがて教団の中にさらに深刻な問題を生み出していくのですが、ここでは少なくとも、それ以外に金光教の生き延びる道があったかどうかは別にして、公認制度そのものが、信教の自由とは根本的に相容れないものだったことを原則的な問題として確認しておかなければなりません。

一教「独立」ののち、教団の指導体制は、それまでの佐藤、近藤、白神のいわばトロイカ方式から佐藤が抜け出して、本領とする教育や対外的教化活動に専念し、教務を統括する教監の任には白神や近藤が当たるという形に移っていきました。この背景には、先述の教務と取次の二元化の問題が伏在しており、前者を重視する佐藤と後者に重きをおく白神や近藤との間には、以前から意見の対立があって、それが人事の上にも反映したものと見られます。しかし、その結果は勢い教務の中心が布教面に偏り、組織運営面は信仰とは直接関係のないものとして機械的に扱われる、という傾向を招いてきました。そこで教団は、一九〇七（明治四〇）年、再び佐藤を迎えて教監の任につけ、教団運営の刷新をその一身に託したのです。

佐藤教監の前には、多くの問題が山積していましたが、中でも、大教会所の造営に伴う金光教維持財団の設立は、その最大のものでした。すなわち、当時は、仏教以外の宗教団体は法人の適用外にあって、教団の土地建物は個人名義となっていましたが、大教会所の造営にあたっては、これを教団のものとし、別に教団の土地建物を維持管理する法人を作って、全てをこれに委ねようという動きが起こり、管長（萩雄）がこれに難色を示したのです。この時管長は、それまで金光家一族の中から選挙で選ばれることになっていた管長職を、現管長家の世襲とするという交換条件を持ち出し、結局はそれが容れられて、維持財団はようやく設立の運びとなりました。しかし、これは却って管長家の教団私物化とその専決体制を促すことになると、教団内には次第に佐藤の失政を批判する声が高まり、佐藤もそれを察して、一九一七（大正六）年、ついに教監の職を辞しました。

次いで教監になったのは、東京布教の開拓者として声望の高かった畑徳三郎でした。畑は早速教政の改革を目指して、金光教制度調査委員会を設置します。そこでの中心議題は、大教会所のいわゆる「お下がり」（下げ渡された信者らの謝金、礼金）に関するもので、畑や若手委員の和泉乙三らは、それまで金光家に帰していた信徒たちの浄財を、教団のお役に供するのが神の思し召しであるとして、その改革を強く迫りました。これはむろん、管長の容れるところとはならず、間もなく管長の死によってあとを継いだ二世管長金光家邦《いえくに》もかたくなにそれを拒んだため、畑もまたその責めを負って教監辞任のやむなきに至りました。

その後、畑は幾たびか教監の座に復帰していますが、管長の専制はいよいよ目に余るものとなっていきました。そしてついには、Ⅳで述べた未曽有の九年十年事件となっていくのですが、人々は今こそ、国家が間接支配をねらって設けた管長制度の重みを痛切に思い知らされる事となったのです。

こうして、教務と取次の乖離に端を発し、「国家への御用」と「神様への御用」は、別個に担われていくことになったわけですが、これを、別派独立の代価として買い取った「国体の教義」との係わりで言えば、少なくとも信者の人々は、それによって天皇本位、国家本位の建前からある程度は隔離されることになったとも言えるでしょう。その意味で私たちは別派独立をもって教団史を単純に二分することにはいま少し慎重でなければなりません。しかし、難儀な氏子を取り次ぎ助けるという立教の精神が、不可避的に国家や社会への独自の関わりを求めていたとすれば、そうした視点をも、それは遮蔽するものとなりました。

結果として、そこに国家本位の立場を建前とし、自己本位の立場を本音とする精神の二重構造が生み出されていくことになります。Ⅳで述べたように、大正から昭和初期にかけては、高橋正雄や片島幸吉らの優れた指導者が出て、教祖本位の立場から教団の国家本位を批判し、自己本位の弱点を克服しようとする運動も試みられましたが、大局的にはこの二重構造を内部から打ち破っていく力とはなりませんでした。国家本位の建前は、金光教において、自己本位を覆い隠す防壁として機能しており、同時にそれは、金光教の信仰を世俗的なご利益信仰に押しとどめてしまう重石の役割を果たすものとなったのです。従って私たちは、信徒の人たちの本音の部分の存在もまた過大に評価すべきではありません。
このように、自己本位の立場が国家の人民支配を補完するものとして機能させられてきたところに、私は、教派神道に即した問題の核心部分を見ようとするものですが、同じ問題は、教派神道に限らず、近代天皇制国家における他の様々な社会集団や個々人においても存在していたと考えています。

(3)民衆的異端の系譜を継ぐもの

金光教が「独立」してから八年後の一九〇八(明治四一)年、民衆宗教の内でも最大規模を誇る天理教が、これも多くの犠牲を払って最後の別派「独立」を果たしました。このことは幕末民衆宗教の民衆解放運動としての歴史的役割が一応の終わりを告げ、国家神道を補完する教派神道体制が構造的に定着し終えたことを意味していました。しかし、文明開化の強行による社会矛盾の深化と、厳しい思想統制の下にあった国家の現実は、民衆的諸宗教の歴史的役割がまだ終わっていないことを告げていました。そうした課題を背負って、一八九〇年代の前半に呱々の声を上げたのが、丹波の小都市綾部で、貧乏大工の未亡人、出口なおによって開かれた大本教です。

原始的蓄積期の社会不安と列強帝国主義の植民地分割競争に揺れ動くアジア情勢を背景に形成されたなおの宗教は、幕末民衆宗教(とりわけ金光教)から深い影響を受けつつも、資本主義的近代への激しい批判と独自の終末観をその特色とするものでした。なおは地方小都市の細民として味わった厳しい生活体験をもとに、現代を「利己主義《われよし》のやりかた」が横行する「獣類《けもの》の世」「くらがりの世」「絶命の世」として捉え、末法の世の到来を繰り返し強調しました。しかし、なおは一方で、人民が早く改心し心の大掃除をすれば、国祖の大神=「艮《うしとら》の金神」が「表にあらはれて三千世界の立替え立て直し」をし、やがて「人民がいさんで暮らせる」水晶の世、みろくの世が到来すると力説しました。

こうした「世直し」の思想は、天理教の中山みきや丸山教の伊藤六郎兵衛にも見られますが、立て直すべき世の実態を明確に「近代」のそれとして捉え、これに対する絶望的な呪詛を前提とした鮮烈な現世ユートピアを対置させていったところに、なおの宗教の新しさがありました。その後、一九〇八（明治四一）年に、貧農の出身で、習合神道説とその行法をよくする出口王仁三郎を指導者に迎えた大本教は、帝国主義段階に入り、資本主義の矛盾の激化する中で、急激な発展を遂げていきます。しかし、その終末観的変革思想に期待を寄せて集まってきた広範な信者たちの要求を貫いて行こうとするとき、大本教が採った皇道ラディカリズム（天皇を中心とする復古的な変革を企図する思想）・異端的なファシズムへの道は、ほとんど不可避的なものでした。そして、一九三五（昭和一〇）年、これに不穏な気配を感じ取った国家権力によって、大本教は狂気ともいうべき激しい弾圧を受け、戦後の再興に至るまで、暗い谷間のときを過ごさねばならなかったのです。

これを要するに、近代民衆宗教が歩んできた道は、大別して二つの類型に纏めることができるでしょう。一つは、その宗教思想が国家との緊張をはらみながら、自己本位の本音と国家本位の建前を使い分けることで、結果的には国家意思の赴くところに屈服していった金光教や天理教に見られるタイプです。そしてもう一つは、自己本位を貫くことが不可避的に国家本位との対決を迫られていく中で、一見、国家本位の立場と見紛うほどに自らを変形させつつ、ついに破局に導かれていった大本教や天理ほんみちなどの類型です。

この両者の鮮やかなコントラスト、にもかかわらず一九四五（昭和二〇）年の敗戦において国家と命運を共にしなければならなかった両者の同じ結末、そこから私たちは何を学ぶことができるのでしょうか。いずれにせよ私たちは、いかなる形態をとるにせよ、常に政治のもとに手段化されなければならなかった「近代」日本における宗教の在り方の特質と、その問題性を、すぐれて今日的な問題意識から捉え返していく必要があるでしょう。

出典一覧

《第一部　「戦争」と「テロ」の時代を見据えて》

Ⅰ　**人が助かることさえできれば**

一　**教祖の視点から見た現代宗教のアポリア**⬇二〇一三年六月に開催された金光教教組一三〇年記念シンポジウムにおいて、発題者として話したときの原稿に手を加えたもの。

二　**「戦争」と「テロ」の時代を見据えて**⬇二〇一五年一一月、金光教「やつなみホール」で開催された『現代社会問題研究及び政治社会問題協議会公開講演会』の話をベースに再構成したもの。

Ⅱ　**戦争と信仰――『卡子』と大久保さん親子のこと**⬇拙著『生き神の思想史』（岩波書店、一九八八年）に収録した同じタイトルのエッセーに補筆、訂正を加えたもの。

Ⅲ　**戦時下の金光教**

一　**試される信仰　二　戦火のアジアで**⬇『現代の心金光教』（旺文社、一九八七年）に収録された拙稿「戦争と平和を考える」に大幅な補筆、訂正を加えたもの。

《第二部　歴史・人・信仰》

Ⅳ　**民衆宗教における「近代」の相剋――教派神道体制下の金光教**⬇拙著『生き神の思想史』（岩波書店、一九八八）所収の「民衆宗教における『近代』の相克」に大幅な修正を加えたもの。

Ⅴ　**斎藤重右衛門のこと――ある民衆宗教布教者のプロフィール**⬇拙著『生き神の思想史』（岩波書店、一九八八）所収の同名の文章に大幅な修正を加えたもの。

Ⅵ　**心の十字路**

一　**冊の本との出会いから**⬇金光教全国信徒会会報『あいよかけよ』３４３号所載のエッセーに手を加

えたもの。

看板を外しても⬇金光教全国信徒会会報『あいよかけよ』344号所載のエッセーに修正を加えたもの。

ドラマのような話⬇金光教全国信徒会会報『あいよかけよ』345号所載のエッセーに修正を加えたもの。

苦難の僕——教祖とヨブ⬇金光教全国信徒会会報『あいよかけよ』346号所載のエッセーに修正を加えたもの。

大胆な想像力を⬇金光教フォーゲル倶楽部編集発行の雑誌『COM』No.15（二〇〇九年一〇月）に掲載されたもの。インタヴューアーは金光教国際センター長の河井信吉さん。

教団史の中の佐藤光俊師⬇金光教教学研究所『通信聖ケ丘』第33号（二〇一二年六月）所載の元教務総長、故佐藤光俊師への追悼文に手を加えたもの。

《追補》

日本の近代化と民衆宗教⬇拙著『生き神の思想史』（岩波書店、一九八八年）所収の同タイトルの論文を三分の二程度に圧縮し、補筆・修正を加えたもの。金光教、天理教、大本教、丸山教などのいわゆる近代民衆宗教の歴史的な意義について、主として金光教を中心に論じたもので、本書の論旨を補強するものとして収録。

あとがき

「心あまりて言葉足らず」というコトバがありますが、自分の書いたものを読み返してみて、これは「言葉あまりて心足らず」だな、などと自虐しています。饒舌なのは「心」の貧しさを言葉で取り繕おうとしているせい？　だから、ほんとうは「あとがき」なんかもよそうと思ったのですが、お口直しに私の好きな詩をひとつ。

生命は

吉野　弘

生命は
自分自身だけでは完結できないように
作られているらしい
花も
めしべとおしべが揃っているだけでは

不充分で
虫や風が訪れて
めしべとおしべを仲立ちする
生命はすべて
その中に欠如を抱き
それを他者から満たしてもらうのだ

世界は多分
他者の総和
しかし
互いに
欠如を満たすなどとは
知りもせず
知らされもせず
ばらまかれている同士
無関心でいられる間柄
ときに
うとましく思うことさえも許されている間柄
そのように

世界が緩やかに構成されているのは
なぜ？

花が咲いている
すぐ近くまで
虹の姿をした他者が
光をまとって飛んできている

私もあるとき
誰かのための虹だったろう

あなたもあるとき
私のための風だったかもしれない

戦争やテロの脅威にさらされた現実を思うと、何を寝ぼけたことを、と言い出す人がいるかもしれません。しかし、「ベトナムの空で操縦かんを握ったまま逝った米兵」の死を悼み（『エド&ユキコ』）、「工場だけが光っていて労働者だけが錆びている」現実に厳しい視線を送り（『工場』）、自然の美しさに胸を打たれるにつけ「ぼくらの季節が余りにも樹木の季節と違うこと」に嘆息を漏らす（『名付けようのない季節』）吉野さんにして、これはただのファンタジーではありません。そうではない人類の現実に向けた彼の深い「祈り」の言葉に違いないのです。「人が助かることさえできれば」という言葉がそうであるように。

本書の出版に際し、これまで立場の違いを超えて、惜しまずに協力を頂いてきた金光教の関係者の方々に、改めて、深い敬意と感謝を捧げます。また、宗教者からも反宗教者からも反発を招きかねないというリスクを承知で、快く出版を引き受けて下さった白馬社代表の西村孝文さんの「侠気」にも、心からの感謝と拍手を送りたいと思います。有難うございました。

小澤　浩

小澤　浩（こざわ　ひろし）
1937年生まれ。
国際基督教大学教養学部人文科学科卒。
東京教育大学大学院文学研究科博士課程単位取得退学。
専攻：近代日本民衆思想史・宗教史。
元富山大学人文学部教授。
主著：『生き神の思想史』（岩波書店、1988）
『新宗教の風土』（岩波書店、1997）
『ヒロシ君と戦争』（桂書房、1999）
『ザ学長』（桂書房、2003）
『日本史リブレット61　民衆宗教と国家神道』（山川出版社、2004）
『はじめて学ぶ宗教』（共編著、有斐閣、2011）
『日本史リブレット065　中山みき』（山川出版社、2012）

人が助かることさえできれば
——「戦争」と「テロ」の時代を見据えて

2016年６月15日　発行

著　者　小澤　浩
発行者　西村孝文
発行所　株式会社白馬社
〒612－8469　京都市伏見区中島河原田町28－106
電話075（611）7855　FAX075（603）6752
HP http://www.hakubasha.co.jp
E－mail info@hakubasha.co.jp
印刷所　モリモト印刷株式会社

ISBN978－4－907872－11－3